Défense d'entrer ?

Stanislas Poyet

DÉFENSE D'ENTRER ?

Enquête au cœur des quartiers
prioritaires de nos villes

éditions du
ROCHER

Éditions du Rocher
28, rue Comte-Félix-Gastaldi
BP 521 – 98015 Monaco

editionsdurocher.fr

ISBN : 978-2-268-10670-0
EAN epub : 9782268107233

À Maÿlis.

À Inoussa, Amira, Pascal, Fatima, Mokrane,
Djibril, Madame Diallo et Karim.

L'Alma - Roubaix
Charles-Schmidt - Saint-Ouen
Les Oriels - Dreux
Grigny 2 - Grigny
Maurepas - Rennes
Les Minguettes - Vénissieux
Le Mirail - Toulouse
Félix-Pyat - Marseille

Introduction

Le soleil brille haut dans le ciel marseillais. Sur la place de Félix-Pyat, dans le troisième arrondissement de la ville, la cité vaque à ses occupations, j'aimerais en faire autant. J'ai passé une bonne partie de la matinée au centre social Saint-Mauront, tout près d'ici. J'avais poussé la porte à tout hasard, espérant avoir plus de succès en me rendant sur place que lors de mes huit précédents appels téléphoniques, et j'avais eu raison. Lyes m'avait reçu, avec Dimitri. Les deux bonshommes sont les éducateurs jeunesse du centre, deux chouettes personnes qui ont l'intérêt des jeunes du coin solidement amarré au cœur. Deux heures durant, ils m'avaient parlé de leur travail, des jeunes qui fréquentent l'endroit, du quartier, de ses splendeurs, de ses misères.

Notre entretien terminé, mon kebab avalé, je me retrouvai bien désœuvré sur cette grande place bitumée. J'essayai bien d'aborder quelques anciens, assis sur les bancs ou les rebords bétonnés. Je leur présentai mon projet d'ouvrage comme le commercial que j'avais été présentait jadis l'application téléphonique que je devais vendre à des pharmaciens lyonnais. Mes échecs successifs devant ces habitants – qui me rappelaient mes échecs successifs devant les pharmaciens lyonnais – avaient fini par entamer mon optimisme, et je traînai tantôt debout, tantôt assis, ne sachant où aller, frustré de gâcher un temps compté sur place. Je choisis alors d'aborder les quelques dealers, rassemblés sur le point de deal. Pourquoi pas ? Après tout, c'était bien là mon objectif, la raison de ma présence ici. L'après-midi commençait à peine, je décidai d'aller tenter ma chance auprès de ces autres oisifs avachis sur un fauteuil élimé. Je m'avançai, persuadé de pouvoir les convaincre de ma bonne foi, et de l'inoffensivité de ma démarche. D'un naturel optimiste, confiant dans mon verbe et ma bonhomie, j'abordai innocemment ces compères.

Évidemment, ma tentative tourna court. Après une fouille préalable, le refus fut net. J'argumentai : « On ne cesse de parler de vous, et on ne vous entend jamais. » Peine perdue, ma démarche était non seulement malvenue, mais aussi totalement inappropriée. « Toi, tu es journaliste, tu es dans le monde officiel. Tu sais ce qu'on fait ici, nous ? Qu'est-ce que tu ne comprends pas ? Ce sont deux mondes séparés », s'évertuait à me faire comprendre l'un d'entre eux derrière son masque chirurgical, bien pratique pour cacher son visage. Pour ces jeunes, nos mondes évoluent de façon parallèle, et ne se croisent que rarement, quand les gens de chez moi viennent acheter la came des gens de chez eux.

Le ton commençant à monter, je compris qu'il fallait songer à tirer ma révérence. À côté de moi, l'un des jeunes se tourna vers ses compères et glapit : « Les gars, il y a Farid qui descend, je vous avais dit qu'il ne fallait pas le laisser rester ici ! » Farid s'approchait du pas tranquille de celui qui est chez lui, entouré de deux acolytes. Le bonhomme aurait pu passer pour un Marseillais des plus anodins, avec son jean délavé, ses lunettes et son embonpoint, s'il n'y avait cette terreur manifeste qu'il inspirait aux petits guetteurs à qui j'essayais bien maladroitement d'arracher quelques mots. Optimiste, mais pas non plus crétin, je levai les bras en signe d'apaisement, et saluai le nouveau venu aussi poliment que j'en étais capable. « Veuillez excuser ma présence, dis-je, je suis journaliste, je voulais simplement discuter, je me rends compte que c'était une bêtise, je ne veux pas d'embrouilles, je vais m'en aller. »

Je tournai les talons, et refluai doucement, quand l'un des jeunes me rejoignit en m'interpellant. « Attends, moi je veux bien te parler ! », me dit-il. Le garçon était différent des autres, son costume bleu pétrole tranchait avec les survêtements de ses amis. « Je travaille à la réception d'un hôtel sur les Docks », me dit-il. Ravi d'avoir ferré un interlocuteur, j'engageai une conversation qui tourna court. Au bout de quelques instants seulement, nous fûmes interrompus par l'éclat sonore d'un projectile manifestement lancé en ma direction. Mon cœur fit un bond, je regardai les hauts immeubles qui m'entouraient, essayant d'apercevoir d'où le projectile pouvait venir. Mon compagnon tenta de me rassurer : « Ne t'inquiète pas, c'est juste une canette, ils font juste ça pour t'impressionner. » Je gardai mon calme, rendu toutefois à l'évidence que le procédé fonctionnait. « Elle a quand même éclaté tout près, là, non ? », fis-je bêtement remarquer. Le jeune garçon me regarda et dit finalement : « Il vaut peut-être mieux que tu partes. »

On n'entre pas comme ça dans tous les quartiers de France. Mon épisode marseillais me rappelait crûment la réalité de ces territoires difficiles, et il ne fut pas le seul. Dans chacune des cités visitées pour le présent ouvrage, je fus, au moins une fois, confronté à l'interdit de passage, édicté plus ou moins violemment par les jeunes du quartier. La violence n'excéda jamais celle de la canette de soda lancée en ma direction, elle fut parfois verbale, et bien souvent, elle laissait place à ce conseil plus ou moins amical : « Tu ne devrais pas rester là. »

Pourtant, dire qu'on ne rentre pas dans ces quartiers est faux. La preuve, j'y ai passé suffisamment de temps pour écrire ces quelques pages. Seulement, on apprend vite quels endroits éviter, et à quelle heure. Car ces manifestations d'hostilité n'ont jamais dépassé les zones de trafic de stupéfiants, où les dealers travaillent et préfèrent qu'on les laisse tranquilles dans leurs activités illicites. Il n'y a pas à proprement parler de « zones de non-droit » en France. De fait, la police entre partout pour faire respecter l'ordre républicain. Mais dans certains coins de la cité, plus ou moins nombreux en fonction du quartier, cet ordre républicain est davantage une parenthèse qu'un état de fait, une parenthèse qui s'ouvre quand la police arrive, et se referme quand elle s'en va. Le reste du temps, les dealers imposent leurs règles, leurs normes, et même leurs valeurs.

Au fil des années, les sigles ont défilé, et avec eux les espoirs de régler le problème des banlieues. Le dernier en date est « QRR », pour quartier de reconquête républicaine, qui octroie à une liste de quartiers identifiés un renfort de police. Les QRR ont donc remplacé les ZSP, les « zones de sécurité prioritaire » de Manuel Valls, qui elles-mêmes avaient remis au goût du jour la police de proximité brocardée par Sarkozy. Les noms changent, mais l'objectif reste le même, libérer ces territoires du trafic de stupéfiants qui les emprisonne. Car quand on parle de mixité sociale aux habitants, des grands travaux de l'Agence nationale pour la rénovation urbaine (ANRU) à l'œuvre dans la plupart des quartiers de France, la réaction est toujours la même. « Qui veut venir habiter ici ? » Une réflexion partagée du côté de certains responsables politiques ou aménageurs, qui ont bien conscience que la mixité tant désirée ne peut advenir sans amélioration du cadre de vie du quartier. Une amélioration sécuritaire, bien sûr, mais pas uniquement, car les quartiers sont bien souvent sous-équipés en équipements culturels et éducatifs.

Au-delà de la question du stup', qui occupe la première place des préoccupations médiatiques au sujet des quartiers prioritaires de la ville, les quartiers restent des territoires difficiles d'accès. Non qu'on en interdise l'entrée, mais pour l'étranger, le quartier restera une fleur fermée, un bourgeon qui n'a pas éclos, dont on ne peut observer que l'envers des pétales. Le quartier ne se révèle qu'à l'ami, ou du moins au semblable, et à ceux que l'ami – ou le semblable – introduit. Il m'est toujours aussi étonnant, au terme de mon enquête, de contempler la métamorphose d'un lieu quand les personnes qui l'occupent décident de me considérer non plus comme un étranger, mais comme un étranger introduit. Le voile tombe tout d'un coup, les visages indifférents deviennent chaleureux, les mains se tendent et les langues se délient.

J'ai de nombreuses fois fait part de cet étonnement à mes interlocuteurs, jeunes ou vieux, hommes ou femmes. Tous défendent cet esprit de village, qui protège et qui rassure. Pour beaucoup des habitants que j'ai pu rencontrer, le quartier est une forteresse mentale, un univers avec ses codes, ses valeurs, ses figures, ses références, son langage. Être au quartier, c'est être dans un monde qu'on connaît, qu'on comprend, dans lequel on est reconnu, protégé. Dehors est un autre monde, un monde hostile, toujours suspecté de racisme, qui ne veut pas des « gens de cités » dans ses restaurants, dans ses entreprises. Alors l'étranger est traité avec méfiance. Ni hostilité, ni bienveillance, jusqu'à ce que quelqu'un s'en porte garant en le présentant aux autres.

Tout l'enjeu de mon travail fut donc, dans un premier temps, de me faire accepter. Il fallait pour cela trouver le point d'entrée qui me permettrait d'accéder au reste de la cité. Ces premiers contacts furent des éducateurs, des associations, des artistes, des grands frères[1]. Des personnes qui portaient en eux un désir d'extérieur, comme Samir au Mirail, qui tient une émission sur une radio locale toulousaine, Arnaud, éducateur à Rennes, Mokrane, militant associatif aux Minguettes, Nordine, « grand frère » de Grigny 2, F., un jeune artiste marseillais. Ces personnes, parmi d'autres, furent des portes d'entrée vers les quartiers racontés ici, les premiers maillons d'une chaîne de connaissance, que je remontai patiemment, maillon après maillon, pour accéder aux personnages que je cherchais. L'entreprise fut longue, parfois laborieuse. Il fallut me faire accepter, défendre le bien-fondé de mon entreprise, et puis discuter. Discuter des heures, pour apprendre, comprendre, écouter les histoires. Discuter pour rencontrer toujours plus de

1. Les grand frères désignent des jeunes plus âgés que soi, généralement de plus de vingt ans.

monde, pour écouter davantage d'histoires, trouver les personnages qui sauraient porter le récit.

Certains d'entre eux furent faciles à convaincre, d'autres demandèrent de la patience, et la garantie que leur nom n'apparaisse pas. Pourquoi ceux-là plutôt que d'autres ? Je les ai choisis parce qu'ils me sont apparus emblématiques de leur quartier, de leur génération, ou d'une problématique particulière que l'on retrouve régulièrement dans les quartiers. Je ne prétends donc absolument pas dresser un portrait exhaustif et définitif des habitants des quartiers prioritaires de la ville. Ce livre est un recueil d'histoires, de fragments de vie, qui ne peuvent se résumer à une seule et même étiquette, mais qui croisent les thématiques, comme celle de la précarité, de l'emploi, du logement, du trafic de stupéfiants… Ces histoires mêlent le banal à l'extraordinaire, comme c'est souvent le cas dans ces quartiers où la réalité semble en tout point plus intense.

Marseille
Cité Félix-Pyat

—

Inoussa

Intermittent du deal

Il ne faut que vingt minutes de marche pour arriver à Félix-Pyat depuis la gare Saint-Charles. Vingt minutes de marche sur les trottoirs encombrés du boulevard National jusqu'au passage sous la chaussée aérienne de l'autoroute du soleil, l'A7, qui file vers Lyon et le nord. De là, il faut piquer à droite, remonter la rue, passer devant les maisonnettes délabrées qui longent la ruelle pour enfin apercevoir les immeubles du 143, rue Félix-Pyat s'élancer vers le ciel.

La résidence Bellevue a depuis longtemps troqué son nom contre celui de la rue qui y mène, jusqu'à lui voler la vedette. À Marseille, « Félix-Pyat » évoque davantage une cité problématique de la ville qu'un journaliste de la Commune de Paris. L'endroit serait assez misérable, s'il n'y avait cette activité presque villageoise qui agite le quartier. Sur une dalle de béton défoncée, des tours filent vers le ciel ; quelques arbres parsèment l'esplanade qui s'étend devant les halls des immeubles. Sur la droite, de l'autre côté d'une rue attenante, un complexe de bâtiments flambant neufs fait face à la cité. Au blanc sale de Félix-Pyat répond l'immaculé scintillant des immeubles des « Docks-Libres », tout juste sortis de terre. Des immeubles construits dans le cadre du projet Euromed, une formidable opération de renouvellement urbain. À l'avenir flamboyant proposé par Euromed, se confronte le délabrement de l'ancienne copropriété, dont la misère, si proche du centre-ville, est une aberration, pour qui ne connaît pas Marseille.

Car Marseille est un patchwork. Si la *doxa* veut que le nord pauvre et dangereux s'oppose au sud riche et agréable, la réalité est en fait un peu plus complexe. Certes, le nord concentre les quartiers les plus sensibles, dont les noms d'arbres et de fleurs sentent bon la Provence (Lauriers, Marronniers, Rosiers, Oliviers…), mais le sud n'est pas en reste et plusieurs quartiers compliqués ne sont ni du nord, ni du sud, mais dans cet entre-deux « péricentral ». Parmi eux : Félix-Pyat.

Il existe bien des cités plus terribles que Félix-Pyat. La Castellane par exemple, fichée au fin fond du 15ᵉ arrondissement, aurait été un choix haut en couleur. Le quartier est connu pour être le plus gros point de deal de la ville, le plus violent, le plus emblématique. Mais plutôt que de travailler sur ce quartier déjà beaucoup raconté, et dont la réputation de « cité de la drogue » est largement ancrée dans l'imaginaire collectif, je cherchais un endroit moins évident, mais qui reste représentatif des cités de la drogue marseillaise.

Sur les conseils de mon copain Simon, Marseillais d'adoption et travailleur social dans le 3ᵉ arrondissement, je commençai à traîner mes basques dans ce quartier coincé entre la Joliette, ses docks réaménagés, la tour CMA-CGM – seul vrai gratte-ciel de la ville – et la gare Saint-Charles. On considère généralement le 3ᵉ arrondissement de Marseille comme le quartier le plus pauvre d'Europe, car il comporte la part la plus importante de la population vivant sous le seuil de pauvreté[1]. Ses habitants ne manquent d'ailleurs pas de le rappeler.

Dans le 3e arrondissement, le bâti est d'une hauteur raisonnable et ne dépasse guère les quelques étages des immeubles de centre-ville. Mais tout au fond du boulevard National, les tours de Félix-Pyat émergent de la canopée de tuiles rouges. Grandes dames d'un blanc douteux, elles dominent les quelques maisons alentours. La cité n'a rien d'une enclave inatteignable comme peuvent l'être d'autres quartiers célèbres de la ville, pourtant, ses tours défraîchies et son esplanade bitumée lui confèrent un parfum de « ghetto », à la fois pittoresque et photogénique. L'endroit a d'ailleurs été largement exploité par l'industrie musicale et cinématographique. Le dernier succès en date : *Bac Nord*. C'est au pied des tours de Félix-Pyat que la première interpellation a lieu dans le film de Cédric Jimenez.

*

Quand je rencontre Inoussa*[2] pour la première fois, *Bac Nord* n'est pas encore sorti, je n'en ai moi-même jamais entendu parler. C'est lui qui me raconte le tournage, les équipes, les caméras. « Ils sont venus ici parce que c'est ghetto », explique-t-il, tout à fait fier. Lui a joué parmi les figurants, comme beaucoup de jeunes du quartier. Quelques mois après notre première rencontre, le film est sorti en salle, suscitant l'ire des uns, et les applaudissements

---

1. L'INSEE fixe le seuil de pauvreté à 60 % du revenu médian national.

2. Les noms suivis d'un astérisque ont été modifiés à la demande des intéressés.

des autres. C'est à Marseille que je vois le film, après une journée de travail de terrain. Assis dans mon fauteuil du cinéma de la Joliette, je regarde la moto qui transporte François Civil et Gilles Lellouche débouler sur un terrain vague que surplombent des tours, je reconnais instantanément l'endroit où a été filmée la scène. Quelque trente minutes plus tôt, j'étais assis sur ce même terrain vague de la cité Félix-Pyat, en compagnie d'Inoussa.

À l'écran, la scène est terrifiante : une cinquantaine de jeunes cagoulés gardent l'entrée de la cité. Tous se lèvent comme un seul homme à l'approche des deux flics sous couverture. Félix-Pyat est une forteresse : une volée de marches mène à la dalle férocement gardée. Dans la vraie vie, la cité est un point de deal important de Marseille – « dans la moyenne des points de deal marseillais » m'explique un policier, bon connaisseur des réseaux de stup' – mais jamais je n'ai observé un tel déploiement de force. Le point de vente est gardé par trois guetteurs, placés à trois points bien distincts de la résidence. Certes, quelques copains leur tiennent parfois compagnie, et ils sont alors trois ou quatre agglutinés sur le poste de guet, mais pas toujours.

« C'est exagéré », rigole Inoussa quand on regarde ensemble la scène du film sur mon portable, le lendemain de la séance. « Mais pas tant que ça. Ce qu'on voit à l'écran, ça ressemble au Félix-Pyat d'il y a dix ans », assure-t-il. De fait, l'action du film se tient en 2012. Félix-Pyat s'est-il amélioré la dernière décennie durant? Rien n'est moins sûr, le trafic de drogue est plus fort que jamais dans les cités marseillaises, malgré un pilonnage incessant des forces de police et des enquêtes judiciaires efficaces. À Félix-Pyat, il suffit d'ailleurs de s'asseoir quelques heures pour constater le ballet incessant des clients. La clientèle est variée, elle vient du quartier pour une bonne part, mais aussi des Docks, à une dizaine de minutes de marche, où de nombreuses entreprises ont élu domicile. « On voit des gens bien habillés qui travaillent à côté, confirme le jeune homme. J'ai même croisé mon maître de stage une fois ! » ajoute-t-il.

Aujourd'hui, on pénètre sans problème dans la cité, l'endroit est même chaleureux. Au bord de la rue Félix-Pyat, sous un kiosque de tôles, des dizaines de vieux Comoriens s'entassent comme sur une place de village. Ils discutent en dialectes, en jouant à un curieux jeu de billes sur plateau de bois creusé, le *mraha wa tso*. Un peu plus loin, les Maghrébins discutent sur les rebords en béton. Derrière eux, un petit stade grillagé attire les plus jeunes ; leurs aînés leur préfèrent les barres de traction fichées dans des blocs de béton. Sous les arbres passent les mamans et leurs enfants, elles grimpent la volée de marches qui mène aux tours. Là traînent quelques adolescents, quelques vieillards. L'atmosphère est familiale, tout semble inoffensif. Mais de l'autre côté de la longue barre d'immeubles qui sépare la dalle principale du terrain vague qui mène à la station de métro Bougainville, s'étend le « côté obscur » – Inoussa rigole de l'expression. De ce côté-ci de la cité, on n'entre pas sans montrer patte blanche. Seuls trois accès permettent d'accéder à un étroit promontoire qui surplombe de quelques mètres l'étendue bitumée du terrain vague. Chacun d'entre eux est gardé par un jeune garçon attentif. Ici se fait le deal de Félix-Pyat.

*

Ce fut lors de mon deuxième séjour à Marseille que je rencontrai Inoussa. J'avais d'abord discuté avec quelques rappeurs du coin, et de rencontres en rencontres, je tombai sur ce jeune homme de dix-huit ans, originaire des Comores, comme une bonne partie de ses camarades. Nous nous rencontrons une première fois un après-midi de mars. Le rendez-vous est donné à 14 heures au stade qui donne sur la rue Félix-Pyat et la bouche de métro. Inoussa arrive en retard, « Désolé, réveil difficile », s'excuse-t-il.

Sa mère est née sur cet archipel pauvre au large de l'Afrique de l'Est, son père est de Mayotte, l'île voisine et territoire français. Comme des milliers d'autres jeunes comoriennes, la mère de Inoussa a rejoint la France et ses rêves d'opulence sur un frêle esquif de pêcheur. Elle n'est alors qu'une enfant qu'emmène sa mère. Inoussa naît de cette union qui ne dure pas. Il quitte Mayotte bien avant que l'île n'imprime de réels souvenirs dans sa jeune tête. Il n'a que quatre ans quand il atterrit à Félix-Pyat, au bâtiment C12, où il habite encore avec sa mère, son beau-père et ses demi-frères et sœurs. Il y en a cinq, la plus âgée a huit ans. « Les bâtiments me paraissaient immenses », se souvient-il.

Quatorze années ont passé quand je le rencontre. Inoussa est devenu un solide gaillard. Le bonhomme est sympathique, facile d'accès. Au fur et à mesure de nos rencontres, la confiance s'installe, il parle sans détour, et me raconte sa vie de jeune homme de quartier. Lentement se dessinent les contours de sa jeune existence : Félix-Pyat, la musique, le deal, l'école. Grandir à Félix-Pyat n'est pas anodin. Le quartier est dramatiquement pauvre. L'habitat est dans un état déplorable, malgré les efforts des bailleurs sociaux, qui ont petit à petit racheté l'essentiel des appartements de cette ancienne copropriété. « C'est certain, les appartements, c'est pas la folie », concède-t-il pudiquement. « L'électricité qui saute, c'est un classique, l'ascenseur en panne, c'est habituel, les cafards, c'est normal. » Chez lui, c'est propre pourtant. « Grâce à ma mère, explique-t-il. Une daronne comorienne. Leur appartement, c'est leur fierté », lâche-t-il. Inoussa refuse catégoriquement de me montrer son chez-lui, trop petit, pas pratique, pas assez beau peut-être. Et puis, chez lui, c'est dehors dans la cité, tout autant que dans le petit appartement qu'occupe sa famille.

Quand les travaux ont commencé à la fin des années 2000 pour construire de nouveaux immeubles en face de la résidence, les habitants ont eu quelques espoirs de pouvoir y habiter. Aujourd'hui, très peu d'anciens résidents de Félix-Pyat ont franchi la rue pour s'installer dans les appartements neufs des Docks-Libres. Dans le quartier, les avis sont unanimes, les habitants ne comprennent pas qu'on ait pu construire de si beaux logements sous leurs nez, quand les leurs tombaient en ruine. Conçue comme une résidence de mixité sociale, censée désenclaver un quartier très pauvre, les habitants ne s'y sont jamais sentis intégrés. Déjà, au début du projet, les jeunes avaient occupé le chantier pour protester contre l'absence d'embauche dans le quartier. Aujourd'hui, la colère est passée, remplacée par un sentiment de résignation et de relégation largement partagé.

Inoussa a ses endroits dans le quartier, mais très peu en dehors. Ce matin-là, on se pose au pied de sa tour, sur la dalle de béton qui s'étend entre les immeubles et le stade en contrebas. Le soleil brille. Rapidement, les « collègues » se joignent à nous, Elamine* et Aburata*, deux jeunes garçons de la génération d'Inoussa, avec qui il a grandi, avec qui il traîne. La petite bande quitte peu la cité et ses abords directs. « On a tout ici, pourquoi tu veux qu'on aille ailleurs, me font-ils remarquer. On a des cafés, des bars à chichas, des restaurants, des magasins… Même les vieux qui jouent au tiercé, ils n'ont qu'à traverser la rue ! » La cité est un monde, un monde clos avec ses règles, ses valeurs, ses personnages. Ici, Inoussa connaît tout le monde, et tout le monde le connaît ; ici, il est quelqu'un, dehors, il n'est plus personne. « Je sors de temps en temps, tout de même. Pour aller en ville, si je veux acheter des habits, des baskets. » La « ville », c'est le centre-ville, accessible d'un coup de métro. Pour Inoussa comme pour ses copains, l'endroit est attrayant mais étrange et hostile. « On le voit bien quand on rentre dans certains magasins, on nous regarde mal, les gens pensent qu'on va les voler. »

Les sorties en centre-ville sont des aventures. « On ne sait jamais comment ça se termine ! Si tu finis au poste ou si tu finis avec une *gadji*[3] ! », rigole Elamine, un des collègues d'Inoussa qui s'est assis avec nous ce matin. Les autres rient. « Elamine, c'est un tchatcheur, le beau gosse du quartier, regarde-le, avec ses cheveux, ses baskets », charrie Aburata, un autre compère. Elamine sourit d'un air fier. Ce grand gaillard qui arbore une belle coupe en brosse, aux contours nettement tracés, est connu dans le quartier pour enchaîner les conquêtes. « Dès qu'il croise

3. Une fille ; en argot gitan.

une fille, il dégaine son téléphone et lui demande son Snap[4] », raille Inoussa.

Je commence à parler des filles, à poser quelques questions. Les trois compères ont entre dix-huit et dix-neuf ans, mais un tel sujet les gêne. « Ici, c'est tabou, on n'en parle pas », explique Inoussa. « Tu ne ramènes pas ta *gadji* quand t'es posé avec tes collègues, ils ne vont rien dire, mais tu vas voir les sourires en coin », ajoute-t-il. Des trois garçons, seul Elamine a déjà couché avec une jeune fille. Inoussa n'est pas opposé à l'idée, s'il trouve la bonne partenaire, Aburata, lui, ne veut pas en entendre parler. Il est pourtant le seul à entretenir une relation sérieuse avec une jeune fille d'un quartier voisin, mais il pense au mariage. « Si t'es dans l'Islam, faut faire les choses dans le bon ordre », dit-il simplement.

Ici, la plupart des familles sont croyantes. L'islam des Comoriens est un islam tranquille, traditionnel, empreint de rites, comme la circoncision. Les trois compères vont régulièrement à la mosquée, ne boivent pas d'alcool, mais seul Aburata prie régulièrement. « Avec l'école, je ne peux pas faire mes cinq prières, alors je les rattrape le soir », explique-t-il. Sur son téléphone, il me montre avec fierté son nouveau *qamis* couleur crème, ce vêtement religieux qui tombe en dessous des genoux, originaire du Pakistan, mais très répandu au sein de toutes les communautés musulmanes. « Avec des belles baskets, t'as la classe ! », rigole-t-il.

Je retrouve plusieurs fois la petite bande pour discuter sous les arbres qui ombragent l'asphalte. Mon métier de

4. Snapchat, le réseau social.

journaliste les étonne, ils me posent des questions, sur mon travail, mes méthodes, mon choix de travailler sur les quartiers, sur Félix-Pyat en particulier. Les compères ne cachent pas une certaine hostilité pour les médias, à qui ils préfèrent une information parallèle, sur YouTube ou Snapchat. « Le problème des médias, c'est qu'ils parlent mal de nous », lance Elamine; les autres approuvent. « Ici, la vie est tranquille, regarde autour de toi, c'est pas la guerre civile! » De fait. La journée est magnifique, la cité est calme, les gens vont et viennent, les anciens discutent à l'ombre, les femmes passent avec enfants et cabas. Elamine s'attache à déconstruire le mythe de la zone de non-droit, du quartier impénétrable où seuls les habitants seraient autorisés à entrer. « Et si je veux aller voir de l'autre côté du bâtiment là-bas », demandai-je en pointant la barre constituée des bâtiments A et B, au-delà desquels s'étend le « côté obscur », réservé au deal. « Qu'est-ce qu'il se passe? »

Elamine s'indigne, les autres rient. « C'est pas parce que tu peux entrer ici que tu peux faire n'importe quoi! Il y a des règles ici, tu ne peux pas te pointer comme ça alors que personne ne te connaît. C'est la base! » Elamine entérine pourtant, et de fait, une rupture momentanée et localisée de l'application du droit. Ici, la liberté de mouvement n'est plus respectée. Ici, un autre système de règles concurrence le droit, régi par le groupe d'individus qui contrôle le trafic de stupéfiants. La contradiction flagrante dans le discours d'Elamine, qui marque en fait une résignation terrible quant au deal, me laisse échapper un sourire. Je regarde le large fauteuil noir, planté dans le passage entre les bâtiments, où un guetteur est avachi. Je me retourne.

À quelques dizaines de mètres de là, des grillages marquent l'entrée du commissariat de police, installé au cœur de la cité. Une centaine de mètres sépare le point de deal du commissariat.

*

Midi. Des formes s'agitent dans le passage entre les bâtiments A3 et A4. Plusieurs jeunes gens discutent autour du vieux fauteuil noir élimé, placé d'une façon bien incongrue au milieu de l'allée percée entre les deux bâtiments autrefois reliés. Vêtus des habituels survêtements de couleur sombre, certains sont masqués, d'autres non. Le point de vente ouvre, un jeune homme encapuchonné prend place dans le large fauteuil, ses amis restent à proximité. Deux autres sont déjà en place aux extrémités nord et sud de la cité, pour guetter l'arrivée d'éventuelles patrouilles de police. Inoussa est vendeur ce jour-là, il reste à l'abri des regards, du « côté obscur » et attend les clients.

Comme à chaque fois qu'il prend son *shift*, Inoussa a une petite boule au ventre. « On dit que c'est de l'argent facile, ce n'est pas vrai. Quand tu prends ton tour, tu sais que t'as douze heures de stress devant toi. Tu ne sais pas ce qu'il va se passer. » Durant tout l'été, la presse nationale s'est fait l'écho de l'actualité marseillaise. Inoussa ne lit pas les journaux, mais il l'a bien entendu. La litanie des règlements de comptes qui ensanglantent la ville depuis le mois de juin 2021 semble ne jamais prendre fin. L'une des dernières victimes en date n'avait que quatorze ans. Rayane, un petit guetteur des Marronniers, une cité du

14e arrondissement, à deux kilomètres de là, qui s'est fait « remonter », tuer, le 18 août, on ne sait pourquoi. Inoussa y pense. Était-ce vraiment lui qui était visé ? Un guetteur de quatorze ans ? impossible. Ce petit a été abattu pour l'exemple, par avertissement. *Si c'est tombé sur lui, pourquoi pas moi ?*

Inoussa garde pour lui ses sombres pensées. Il n'en dit rien à son comparse de quelques années son cadet qui guette à côté de lui. Ici, il faut être sûr de soi, pas de place pour le doute. Si on apprend ses états d'âme, sa crédibilité et sa fiabilité en pâtiront. Or, les gérants veulent des gens sérieux. Alors, soyons sérieux.

Ce n'est pas Inoussa qui m'explique le fonctionnement du deal à Félix-Pyat, mais un de ses « collègues ». Houssen* est un enfant de Félix-Pyat, comorien d'origine lui aussi, il est né à Marseille, et a grandi avec Inoussa. Sourire en coin, il confesse avoir touché au deal très jeune, vers treize ans, mais il assure avoir raccroché. « Mon frère est en prison, ça m'a calmé », dit-il simplement.

« En bas, tu as les guetteurs, m'explique-t-il. Leur rôle est d'alerter si la police arrive. Ici, il y a une graduation dans les cris. D'abord, quand la voiture emprunte la route là, dit-il en pointant la route qui longe la cité, on crie "Les képis à Miami" – Miami, c'est comme ça qu'on appelle la route qui mène à la cité. Puis quand ils arrivent au bout, on crie "Les képis au S", parce que la route fait un S. S'ils tournent à droite vers le point de deal, on crie "Ça tourne", et enfin "Akha[5]". Ensuite,

5. Prononcer « Ara », le « kh », se prononce [ʕ], comme un R en haut de la gorge. Cette interjection vient de l'arabe « Ya khey », Ô frère.

tu as le “charbonneur”, le vendeur. C’est lui qui prend le plus de risques, il a la came avec lui. Le “zingueur” s’occupe de la découpe du shit, c’est lui qui approvisionne le charbonneur. Puis au-dessus, t’as les chefs. Le gérant, qui s’occupe de tout, et ses seconds. Et encore au-dessus, le patron. Mais lui, on ne le voit jamais, on ne le connaît même pas. Il n’habite pas ici, il doit être en Algérie ou à Dubaï, je ne sais pas. »

Depuis quelques semaines, il n’y a plus de nourrice à Félix-Pyat. La dernière était dans les étages de la tour A4. Les « nourrices » sont des appartements qui servent de lieu de stockage de la marchandise et de cache pour le « charbonneur », le vendeur, si la police venait à intervenir. « Quand il y a une nourrice, on charbonne [on vend] dans les étages. Quand il n’y en a pas, comme maintenant, on charbonne dehors. Sans nourrice, si les condés [la police] entrent dans l’immeuble, t’es coincé », m’expliquera Inoussa plus tard.

Indéniablement, depuis une vingtaine d’années, les réseaux de trafic de drogue se sont considérablement structurés. Le trafic de 2021 n’a rien à voir avec celui de la fin des années 1990. La hausse des chiffres d’affaires a conduit à une forte structuration des réseaux. « On a affaire à de vraies entreprises capitalistes, confirme un fonctionnaire de la police judiciaire marseillaise. Ce n’est pas très étonnant : le secteur est ultra-concurrentiel, et les profits énormes. » Ce secteur de l’économie parallèle emprunte désormais bien d’autres codes des entreprises. Stock, vente, marketing, ressources humaines… Les réseaux de la drogue se sont structurés ces dernières années.

D’après l’institut national des statistiques, le trafic de drogue représente 3,2 milliards d’euros chaque année, soit 0,1 point du PIB, et 700 millions d'euros pour la seule ville de Marseille. « C'est un secteur ultra-lucratif, qui emprunte une bonne partie des règles du marché », explique Stéphanie Cherbonnier qui dirige l'Ofast, l'Office anti-stupéfiants, la nouvelle structure qui mène depuis le 1er janvier 2020 la lutte contre le trafic de stupéfiants. « Je dis "une bonne partie", parce qu'évidemment, les dealers ne paient ni impôts, ni charges sociales », ajoute-t-elle.

Pour Inoussa, son travail au sein de ce réseau n'est évidemment pas identique à un emploi classique. Mais pour lui, la différence est plus ténue qu'on pourrait le penser. Pour le jeune homme, le trafic s'intègre dans la normalité de son quotidien et du territoire qui est le sien. Pour le jeune homme comme pour ses amis, les problèmes existent à Félix-Pyat, mais ils s'attachent à les relativiser. « Le deal, il y en a, mais c'est comme partout! » se défend Bakerwa*, un autre copain. Les autres acquiescent. « Les gens qui font ça le font souvent pour gagner un peu d'argent. S'acheter des habits, des baskets », continue Adama*.

Entrer dans un réseau n'est pas franchement compliqué, mais c'est un pas à passer. « C'était la solution facile, se justifie Inoussa à mi-voix. À quinze ans, on te propose 100 euros pour crier "Akha", t'es content. » Son histoire est celle de milliers d'autres jeunes. Elle commence un beau jour d'été, les journées ensoleillées se succèdent à Félix-Pyat. Il fait chaud, il n'y a rien à faire. Le centre social a dressé un château gonflable, les dealers ont installé des piscines au bleu criard, les enfants s'éclatent, les cris montent jusqu'aux appartements les plus hauts des tours alentour.

On n'est pas sérieux quand on a quinze ans, et pourtant, tout cela semble bien futile. C'est l'âge où on prétend être grand à défaut de l'être réellement. Au beau milieu de l'été, la cité est bien morne, et on s'ennuie sec. Comme à son habitude, Inoussa traîne avec ses copains, les collègues vont et viennent, saluent, s'arrêtent. Ce jour-là, toute l'attention se concentre sur Hicham*, d'un an son aîné, qui aborde de magnifiques Nike bariolées. Le modèle est hors de prix, et il faut le reconnaître, elles ont un autre éclat que celles qu'on trouve au marché aux puces. Aucun des adolescents n'est dupe, chacun connaît la situation financière de la famille de Hicham, élevé par une mère seule, qui cumule les missions de ménage pour subvenir aux besoins de sa famille nombreuse. Depuis quelques mois, Hicham fait le « chouf », il guette pour le réseau. « C'est tranquille, assure-t-il à ses compères. Tu vois des flics, tu cries "Akha" le plus fort possible, c'est tout ! »

Il n'en faut pas plus pour convaincre Inoussa. Hicham l'introduit auprès des « grands », et le lendemain, il grimpe sur le muret à l'angle de la rue Édouard-Crémieux, poste sud du guet, et commence à scruter méthodiquement les voitures qui s'y engagent. Les années passent et les paires de basket avec. Sa mère n'en sait rien, dit-il, ou bien elle fait semblant de ne pas voir. Quand il se pointe avec un nouveau « complet Lacoste », ces survêtements accordés hors de prix, elle fait mine de ne pas remarquer. « Je cache les paires de chaussures, j'essaie d'être discret », explique-t-il.

À Félix-Pyat, les familles réagissent différemment. « Certaines sont bien contentes de voir des revenus supplémentaires tomber comme par magie, explique un travailleur social. « Mais d'autres ne veulent même pas entendre parler de cet argent. » C'est le cas de celle de Hicham, qui a pris quelques années depuis ses premiers pas dans le deal. « Ses parents refusent catégoriquement son argent, m'explique un de ses amis. Une fois, il a même demandé à un collègue[6] d'acheter de la nourriture pour le ramadan à sa place et de monter le sac en faisant croire que ça venait de son autre frère. Jamais sa mère n'aurait laissé entrer de la nourriture achetée avec de l'argent sale. C'est comme ça, c'est une femme droite. »

Contrairement à l'idée reçue, les petites mains du deal ne sont pas richissimes. Comme tant d'autres, Inoussa est un intermittent du deal, un de ces petits travailleurs précaires semblables en bien des points aux livreurs à vélos que l'on voit sillonner nos villes en veste bariolée. « Je travaille dix jours par mois, explique-t-il. Et il peut se passer un mois sans que je travaille. » À l'image du *Lumpenproletariat* décrit pas Marx et Engels dans les années 1860, il fait partie de la cohorte de jeunes qui se bousculent pour gagner quelques billets. Une erreur et c'est la porte, un dealer en vaut un autre. Cela vaut pour les arrestations : quand la police attrape un vendeur, un autre le remplace immédiatement. Dans une cité qui brasse plusieurs dizaines de milliers d'euros en cash par jour, la rupture de vente, même momentanée, n'est pas une option.

Cent euros la journée de guet, deux cents celle de « charbonnage ». Le point de vente promet une ouverture midi-minuit classique. Guetter à Félix-Pyat, c'est donc exactement un SMIC : 8,30 euros de l'heure ; vendre à Félix-Pyat c'est

6. Personne du même âge et du même quartier. Il ne s'agit pas forcément d'un ami. Le terme n'a rien à voir avec une relation professionnelle.

donc exactement deux SMIC : 16,60 euros de l'heure. À ces montants, il faut ajouter les primes régulières, billets de 20, de 50, glissés çà et là quand on a bien bossé, quand on est régulier. Pour ces petits dealers de bas de tour, le deal n'est donc pas la promesse d'un salaire colossal, d'autant que, comme Inoussa, ils sont nombreux à n'y travailler que périodiquement, mais il est l'assurance d'un travail flexible, assuré, connu, et pour lequel il n'est pas besoin de quitter l'environnement rassurant de la cité.

Pourtant Inoussa n'aime pas qu'on parle de « deal ». Devant moi, il n'est pas vraiment fier. Il préférerait probablement donner une image plus reluisante de la vie ici. « Je n'aime pas ce mot. Ce qu'il se passe, c'est comme partout ailleurs ; un réseau, c'est une entreprise. Avec des gens qui s'en occupent, des clients à satisfaire, des règles à respecter. »

Cette banalisation du trafic ne m'étonne guère, mais elle m'interroge. Pour tous ces jeunes, le trafic est une réalité avec laquelle il faut s'accommoder, et pour certains, de laquelle on peut tirer parti. J'ai discuté de la question avec une magistrate marseillaise, Karine Sabourin, qui a été quatre années durant, de 2012 à 2016, juge d'instruction chargée du crime organisé. Pour la juge, qui est aussi déléguée du syndicat USM à Marseille, cette banalisation du trafic mène à une « inversion des valeurs ». « Depuis qu'ils sont en âge de comprendre, on leur demande de s'intégrer à la société par le travail. Pour eux, le deal, c'est un travail, avec un patron exigeant, des clients à satisfaire, des prestations à accomplir, une paie qui tombe et qui permet de dépenser, et donc de s'intégrer à la société de consommation. C'est la raison pour laquelle beaucoup de jeunes que j'ai vu passer au tribunal n'ont pas l'impression d'être hors la loi. Contrairement aux chefs de réseaux qui sont dans d'autres sphères et qui contestent rarement les faits. »

Pour ces quelques centaines d'euros par mois, et malgré les risques encourus, ils sont des centaines à postuler. Marseille compterait entre 2000 et 2500 jeunes qui fourmillent dans les toiles des réseaux de la drogue marseillaise, de près ou de loin. Un chiffre énorme, qui semble en fait bien en deçà de la réalité, au vu des presque 900 arrestations pour trafic de stup' recensées pour les dix premiers mois de 2021. À ces jeunes Marseillais, il faut ajouter les « saisonniers ». Car, depuis quelques années, il n'est plus rare de tomber sur un guetteur ou un charbonneur lyonnais ou parisien. Félix-Pyat, comme toutes les autres cités, profite de cette main-d'œuvre disponible et précaire pour alimenter sa réserve de travailleurs. Ces jeunes sont bien souvent mineurs et en rupture familiale. Contre un petit salaire, un logement miteux et un ou deux kebabs par jour, ils tiennent le bas des tours. « Ces jeunes présentent bien des avantages, explique un policier marseillais : d'une part, personne ne les connaît, ils n'ont rien à perdre et pas de risque que leur famille vienne les embêter. D'autre part, ils sont totalement dépendants du réseau qui les paie, les loge, les nourrit. »

Souvent très jeunes, et ignorants des réalités marseillaises, ces jeunes doivent s'intégrer dans les rouages bien huilés des réseaux. L'argent brassé est faramineux, et à sommes astronomiques correspond violence astronomique. Ici, pas question de faire un pas de travers. C'est ce qu'a appris à ses dépens ce jeune garçon de quinze ans, venu de Chartres pour

« jobber » à Marseille durant l'été. Le minot avait débarqué au Micocoulier dans le 14e arrondissement après avoir fui son foyer. Mineur, en rupture scolaire, il rêvait probablement de Marseille en Far West, où les plus téméraires font fortune.

Amadou*, le jeune homme qui me raconte l'histoire, s'arrête. « Tu n'enregistres pas là ? » Je sors mon téléphone et interromps le dictaphone et sors mon vieux cahier de notes chiffonné. « Ce que je te raconte là, c'est chaud », m'assure-t-il.

Jeune homme pressé, le petit Chartrain veut gagner de l'argent, et vite. Il place des barrettes de shit de côté, amasse une petite réserve, et décide un beau jour de vendre à son compte la came volée à Félix-Pyat. « Sauf qu'à Marseille, y'a pas de "à ton compte", commente Amadou. On lui a expliqué une fois, deux fois, puis il s'est fait défoncer. » Le jeune homme a été récupéré aux urgences, grièvement blessé, les testicules brûlés au chalumeau. « Ça s'est passé dans une cave d'ici », lâche d'un air détaché Amadou. L'épisode n'est pas isolé et Amadou continue. « En 2016, un collègue à moi, Rudy, a été retrouvé mort à l'Étoile (l'un des massifs qui entoure Marseille). Une balle dans la tête, deux balles dans le ventre, les pouces coupés, les pieds cramés. Tu n'enregistres pas hein ? C'était une affaire de réseau, mais dans un autre secteur. Le type, il avait donné un "go" pour un type. Un "go", ça veut dire qu'il a balancé un gars qui était recherché par un autre réseau. Sauf qu'il a balancé le mauvais type, c'était son frère le coupable. Tu me comprends ? Le petit frère n'avait rien à voir, il a été descendu pour rien. Quand le frère a appris que c'était lui, il l'a tué. C'était un jeudi, il est parti au lycée, il n'est jamais revenu. Le p'tit Rudy, il était toujours accompagné d'un autre petit. Lui, il s'est barré tout de suite au bled. Il n'est pas fou, il savait qu'on venait pour lui. »

*

« Un bon guetteur, il doit avoir l'œil, mais aussi la mémoire. Il faut connaître les voitures des policiers, les plaques d'immatriculations, mais aussi les têtes des Baceux [agents de la Bac] pour les reconnaître tout de suite ! Charbonneur, c'est plus stressant. Autant quand tu guettes, t'as rien sur toi, mais quand tu charbonnes, t'as du matos et du cash, si tu te fais prendre, t'es mal.

– Tu n'as jamais voulu monter plus haut que charbonneur ? demandai-je.

– Non, je me suis toujours dit : “Pas plus haut que le charbon.” Au-delà, c'est trop de responsabilités. O.K., tu touches beaucoup plus, mais je n'ai pas envie de faire ma vie là-dedans. C'est provisoire, pour me faire un peu d'argent. Les haut gradés, c'est autre chose, ils ne dorment pas sur leurs deux oreilles, t'as toujours des gens qui veulent ta peau. »

Depuis le début de l'année 2021, les règlements de comptes se succèdent à un rythme effréné. Pour les seuls mois d'été, 12 personnes ont trouvé la mort, soit plus que toute l'année 2020, qui ne comptait que neuf règlements de comptes. Pourtant, depuis 2017, le rythme des règlements de comptes s'était calmé et la police n'en recensait qu'un seul par mois en moyenne, contre deux par mois au début des années 2010. Félix-Pyat n'a pas été concerné par la dernière vague de règlements de compte. Mais un an plus tôt, en juin 2020, Fathi Ganzouai, le patron présumé du réseau de la cité, a été abattu au volant de sa voiture. Pourquoi ? Par qui ? « Tout le monde sait très bien qui a fait ça », m'explique un grand du quartier. Ma curiosité est titillée, j'essaie plus ou moins habilement de le faire parler, je veux en savoir plus, peine perdue. « Si je parle, je me mets en danger », me répond-il simplement. Je me tais, je n'en saurai pas plus.

Fathi Ganzouai avait été condamné en première instance à neuf années de prison, pour ses activités dans le commerce de stup'. Un comble pour cet homme de trente-sept ans qui exerçait la profession d'éducateur chargé de la prévention de la toxicomanie… En octobre 2018, lors du procès, le procureur l'avait qualifié de « petit parrain de Félix-Pyat », en s'appuyant notamment sur le témoignage d'un autre trafiquant. En janvier 2020, la Cour d'appel d'Aix-en-Provence avait annulé la décision de justice, et Fathi Ganzouai s'en était retourné chez lui, dans la cité, retrouver femme et enfants. Un soir de juin, alors que la vie reprenait doucement son cours après un premier confinement difficile, Fathi était abattu dans sa voiture, frappé à mort par plusieurs tirs de 9 millimètres.

À la terrasse d'un café, place de la Joliette, Abdelkader* tourne machinalement sa cuillère dans son café. Cet ancien de Félix-Pyat a quitté la cité voilà deux ans, quand il s'est marié. « Je ne voulais pas que mes enfants grandissent ici », se justifie-t-il. Abdelkader connaissait bien Fathi, leurs familles étaient voisines, eux avaient le même âge.

« Tout le monde savait qui il était, raconte cet employé municipal. Mais pour moi, ça a toujours été étonnant.

Il était apprécié du quartier, toujours prêt à rendre service. Quand mon père est mort, il voulait venir avec moi en Algérie pour m'accompagner. "Je descends avec toi enterrer Tonton", il m'a dit. Sauf qu'il est mort avant qu'on puisse l'enterrer. »

Comme Abdelkader, Inoussa se souvient bien de Fathi. « Je bossais pour lui, mais je ne l'ai jamais vu dans le cadre du travail », assure-t-il. En tant que gérant du réseau, Fathi ne descendait jamais sur le terrain, il laissait à ses lieutenants le soin d'en assurer le bon fonctionnement, selon le modèle pyramidal et cloisonné des réseaux de stup' marseillais. « Il était respecté, ça oui. Dans le quartier, c'était un ancien ; il aidait tout le monde. Je me souviens quand on était petit, il nous donnait du fric pour qu'on s'achète à manger. »

Les règlements de comptes font partie intégrante de la vie dans les cités marseillaises. Ici, personne ne s'en étonne ; quand on aborde le sujet, jeunes et vieux haussent les épaules. Certains s'en désolent, mais tous semblent terriblement résignés. Pour les anciens, c'est la conclusion logique d'un choix d'existence. « Quand tu restes trop longtemps dans ce milieu, tu sais bien que tu termineras soit en prison, soit dans un cercueil », me disait l'un d'eux. Chez certains dealers, ce sens de la fatalité se double d'une certaine forfanterie. Pour beaucoup de ces jeunes garçons, le deal est la promesse d'une vie prolifique et mouvementée. Ibrahim* est l'un d'eux. À dix-sept ans, il a déjà gravi quelques échelons dans le *cursus honorum* du deal, et a abandonné l'école depuis quelque temps déjà. Méfiant, et peu enclin à répondre à mes questions, il me répond toutefois en phrases courtes, où affleure la fierté de vivre dangereusement. « Ce sont les risques du métier, répond-il, lapidaire. Quand tu choisis cette voie, tu sais que tu as des ennemis, tu assumes les risques », ajoute-t-il. Le jeune homme ne quitte pas son air soupçonneux. J'ai beau essayer de le faire développer, je n'aurai pas d'autres réponses que ces lieux communs sur la violence de la voie du gangster.

À Marseille, l'ultra-violence est ancienne. La cité phocéenne a toujours été une terre de brigands. Le milieu historique, composé de Corses et d'Italiens, a, lui aussi, laissé sa marque sanglante sur la ville. La tuerie du Bar du Téléphone est restée dans les annales de la ville : le 3 octobre 1978, dix personnes étaient assassinées dans ce bar du quartier du Canet, dans le 14e arrondissement. Au début des années 2000, Farid Berrahma avait gagné le surnom de « Rôtisseur » en faisant disparaître ses victimes en incendiant les voitures dans lesquelles il cachait les corps. Depuis, ces « barbecues » n'étonnent plus dans la police, mais, en août dernier, ce mode opératoire a passé un nouveau degré de violence. Le 21 août, un homme enlevé dans le quartier des Chartreux était retrouvé calciné dans un coffre de voiture. « Pour la première fois, à ma connaissance, la victime a été brûlée vive », confie un policier. Quelque mois plus tôt, un jeune homme était découpé à la disqueuse dans une cave marseillaise. « Le banditisme a toujours été violent. Mais depuis quelques années, on observe une vraie brutalisation », ajoute le fonctionnaire de police.

Inoussa ne s'enorgueillit pas de cette triste réalité. « J'ai vingt ans, combien d'amis ai-je perdus ? », s'interroge-t-il. Il compte, une seule main ne suffit pas. « Tous ces morts, ça fait réfléchir », reconnaît-il. Nous sommes assis à l'ombre de quelques arbres qui ombragent l'asphalte défoncé. Inoussa parle moins vite, il pèse ses paroles. Il m'assure vouloir quitter le deal. « Tu sais, il y a deux sortes de personnes dans le milieu. Ceux qui veulent faire carrière, ceux qui font ça pour gratter un peu de thune et puis se casser. »

À la différence de plusieurs de ses collègues, qui comme lui chauffent les bancs du deal, Inoussa ne fantasme pas la violence. Il ne me ressort pas les lieux communs sur la dure vie du gangster, qui vit au jour le jour, conscient que celui qui vit par les armes périra par les armes. Peut-être est-ce parce que nous avons réussi à créer une relation de confiance, et qu'il ne se cache pas derrière ces mystifications de la figure du banditisme. Pourtant, comme tous les autres, il a été abreuvé de ces références cinématographiques et musicales. Les murs de Félix-Pyat en attestent : à l'endroit même du point de vente, un tag représente un immense portrait de Tony Montana, le gangster violent de *Scarface* campé par Al Pacino. « On a grandi avec ces films, m'explique Inoussa. Notre culture, ce sont ces films "ghetto" : *Les Affranchis*, *Le Parrain*, *La Cité de Dieu*… Un jeune d'ici qui te dit qu'il n'a pas vu ces films c'est un menteur. Obligé. » Lui-même reprend ces canons esthétiques dans ses productions musicales. Inoussa est rappeur, et ses textes glorifient l'argent, la violence et les armes, en se lamentant sur la misère d'une vie de gangster à laquelle on ne peut échapper. Dans ses clips, il raconte son quotidien de dealer, à grand renfort de ralentis sur les tours décrépies de Félix-Pyat, de coups de feu, de cadavres et de sacs de sport remplis de billets. Paradoxe du bonhomme.

Inoussa passera son bac en 2022, après une scolarité dans un lycée technique du coin, en filière Électricité.

L'année prochaine, il veut intégrer un BTS. Inoussa aime bien ses études, il aime bien l'électricité, il aime bien la perspective de devenir électricien. Comme la plupart de ses copains, Inoussa a été orienté en fin de troisième vers un bac pro. Ses parents le voient bien menuisier. Le bois c'est beau, c'est concret. Mais le jeune Inoussa se fatigue vite de poncer des tasseaux toute la journée. Après réflexion, quelques entretiens au lycée voisin, il bascule en électricité, il préfère. « C'est l'assurance de toujours travailler, assure-t-il. Tout le monde a besoin d'un électricien, parce que tout le monde a besoin de lumière. Sans lumière, il n'y a pas de vie possible ! », m'explique-t-il, un peu philosophe.

Nous sommes tous les deux assis une fois de plus sur les blocs de béton armé défoncé qui composent le terrain sportif de Félix-Pyat. Derrière nous, un cours de sport collectif est mené par un jeune homme à la musculature puissante. Inoussa veut quitter le deal, il ne cesse de me le répéter, mais l'argent facilement disponible qu'il représente est une tentation difficile à repousser. En attendant, il continue de temps à autre, l'argent est le bienvenu pour continuer à s'habiller.

Toulouse
Le Mirail

—

Amira

Fille de cité

Il est dix-sept heures sur la place Abbal. Le soleil est encore haut, la journée est radieuse. Sur le bitume abîmé, des hommes traînent. Certains parlent à leur téléphone, placé horizontalement devant leur bouche, d'autres discutent assis sur les bancs métalliques, jetant quelques miettes de pain aux pigeons. La place Abbal est le cœur du Mirail, une vaste étendue ouverte sur le lac de la Reynerie autour desquels se pressent les sous-quartiers de cette ville dans la ville. Au nord, il y a Mirail-Université qui, comme son nom l'indique, abrite une université toulousaine. Au sud, il y a Bellefontaine, ses barres, ses tours aux noms de peintres du *Quattrocento*. Entre les deux s'étend la Reynerie, des immeubles massifs nommés d'après de grands compositeurs, posés de part et d'autre de la rue de Kiev qui tranche le quartier en deux jusqu'à la place Abbal et le lac.

La place est le centre du quartier, ici se pressent les habitants pour s'y retrouver, boire un café, discuter. Ici, peu de femmes. L'espace est quasi exclusivement occupé par les hommes. On en voit bien quelques-unes, elles traversent sans s'arrêter, seuls les hommes se permettent d'être statiques. Au sud de la place, quelques commerces se suivent sous les derniers vestiges de coursives, des kebabs, des épiciers, des cafés. Sur les terrasses ou à leurs comptoirs, nulle trace des femmes.

À l'ombre du pin planté là, quelques hommes partagent le café et jouent au rami. Ces camarades de retraite sont de vieux amis, des *chibani* venus de Mostaganem en Algérie pour travailler dans les usines de la région durant les Trente Glorieuses. « On vient ici tous les jours. Quand il fait beau on est dehors, sinon, on reste à l'intérieur », explique Abdallah en redressant son petit bonnet. « C'est un peu la place du village, ajoute son ami Mounir, pas la peine de se donner rendez-vous, vous êtes certain de toujours trouver quelqu'un. » Quelqu'un, mais pas de femmes. « Ce n'est pas qu'elles sont interdites ici, se défend Ali, c'est simplement qu'elles n'ont pas envie de venir. » Ses compagnons acquiescent, un peu sur la défensive. « Les femmes préfèrent aller ailleurs, c'est tout », ajoute Mounir.

*

Il ne viendrait pas à l'esprit d'Amira de venir s'asseoir dans un café de la place Abbal. A vingt et un ans, la jeune fille a passé toute sa vie au Mirail, entre la Reynerie et Bellefontaine. « J'évite de traverser la place, je fais un détour quand je passe par là », reconnaît la jeune femme. Rien de dangereux, rien d'inquiétant, seulement traverser ces rangs d'hommes, leurs regards, est une épreuve qu'il est plus facile d'éviter que d'affronter. « Il y en a qui le font, pour montrer qu'elles s'en fichent, mais moi, ça me fatigue d'avance ! », rigole-t-elle. La jeune femme n'est pas la seule dans son cas, loin de là. Sophie, Hanane et Fatima, trois femmes du quartier qui tiennent l'association « Vivre au Satie », qui rassemble les habitants de l'immeuble du même nom, me le confirment. « La plupart des femmes du quartier évitent l'endroit », c'est vrai, disent-elles, « Mais qu'est-ce qu'on irait faire là-bas ? », demande Sophie, la présidente. « Aller au café, c'est *haram*[1] chez nous ! Il ne faut jamais faire ça ! », plaisante Fatima. Hanane, la secrétaire de l'association partage l'avis de Sophie. « Rester toute la journée à rien faire, c'est une occupation d'homme ! dit-elle. Moi je m'y asseyais de temps en temps quand j'y voyais mon père. Mais depuis qu'il est décédé je n'y vais plus. »

L'usage du quartier est essentiellement masculin, et le cas de la place Abbal n'en est que la facette la plus perceptible. Les femmes ne sont pas invisibles, non. On les distingue, seules ou en groupe, mais dans des lieux différents de ceux que choisissent les hommes : sur les aires de jeux, au parc de la Reynerie, dans les jardins partagés qui existent au pied de quelques immeubles. Ou bien en ville. Car si les garçons confessent aisément sortir peu du quartier, par peur des regards, de la stigmatisation, les jeunes filles, au contraire, se rendent facilement dans le centre-ville de Toulouse. « Je pense que les filles sortent plus du quartier oui, réfléchit Amira. Les garçons aiment bien rester ici, tout est fait pour eux ici, pas pour nous. Ça doit être pour ça. Ça ne veut pas dire qu'on n'aime pas le quartier. C'est chez moi, je m'y sens bien. Mais c'est vrai, c'est un espace masculin. » Les garçons restent les plus visibles, en bas des immeubles, sur les terrasses ou sur

1. Littéralement « illicite », ce que la religion interdit.

les équipements sportifs, où ils « tiennent les murs », selon l'expression consacrée.

Pour la jeune fille, le quartier reste cependant cet endroit où elle se sent bien, chez elle, à l'abri. « Quand je quitte Toulouse, le quartier finit toujours par me manquer. L'autre jour j'étais à Cannes – j'ai de la famille là-bas – quand j'ai entendu le gros bruit d'une moto, j'ai souri, ça m'a tout de suite fait penser au quartier ! » La jeune fille a passé son enfance, son adolescence et ses premières années de jeune femme entre les longues barres d'immeuble du Mirail. Des années heureuses, pleine de joie, d'épanouissement mais aussi, elle le concède aisément, de violence.

*

Car le quartier du Mirail a mauvaise presse. L'endroit est connu pour être l'une des plaques tournantes de la drogue dans le sud-ouest de la France et pour avoir été un point de départ important pour la Syrie et l'État islamique. Comme tant d'autres quartiers de grands ensembles qui concentrent aujourd'hui des problématiques de pauvreté, de trafic et d'islamisme, le Mirail a d'abord été la manifestation architecturale d'une utopie, celle d'une ville nouvelle, moderne, verte et égalitaire. Le projet est sorti de l'imagination d'un ancien disciple du Corbusier, l'architecte franco-grec Georges Candilis. Pour le maire d'alors, le socialiste Louis Bazerque, le Mirail représente le Toulouse de l'an 2000, ni cité-dortoir, ni banlieue, il est un quartier intégré de la ville. Le projet est si séduisant qu'il charme jusqu'au président du Conseil des ministres de l'URSS, Alexis Kossyguine, en visite dans la ville ; il en fera le modèle de l'école d'architecture soviétique. Le Mirail a été pensé pour une population de cadres, employée dans l'industrie aéronautique florissante de la ville. Le quartier est articulé autour d'un plan d'eau, du vaste parc arboré où trône encore un château de brique. De nombreux équipements sont alors prévus pour attirer une population aisée : cinéma, stade, piscine, lieux de culte[2]...

Cinquante années plus tard, de nombreuses barres de l'architecte franco-grec sont tombées, la dalle de béton, surélevée de quatre mètres et longue de quatre kilomètres, qui permettait de relier la Reynerie à Bellefontaine, en passant par tous les commerces sans redescendre au niveau de la rue, a été détruite. Des nouveaux immeubles, plus petits, ont remplacé les immenses paquebots de béton. La rénovation urbaine est à l'œuvre, elle tente de dédensifier le quartier, de reconstruire en privilégiant l'habitat privé pour favoriser la mixité sociale. Pour Amira, ces travaux de rénovation et la mixité professée sont autant de claques. « De quelle mixité parlent-ils ? C'est mixte ici, il y a presque cinquante nationalités différentes. Ce qu'ils nous disent c'est que le problème ici, c'est nous, et qu'il faut nous remplacer pour qu'on règle les problèmes. »

Amira a grandi dans une famille de cinq enfants, quatre filles et un garçon. Son père a passé son enfance en France jusqu'à ses quatorze ans, il est ensuite rentré en Algérie, suivant un père autoritaire, qui ne voulait plus d'une vie d'immigré. Sept ans plus tard, il revient en France après

2. Xavier de Jarcy, *Les Abandonnés, Histoire des « cités de banlieue »*, Paris, Albin Michel, 2019.

avoir épousé une Française, originaire du même village que lui. Les deux parents d'Amira ont toujours travaillé, son père est menuisier, tandis que sa mère faisait des ménages dans des bureaux. Depuis quelques années, sa mère est AVS, assistante de vie scolaire, elle accompagne un élève handicapé dans sa classe. « Pour ma mère, c'était difficile. Elle travaillait en décalé, soit le matin tôt, soit le soir. Souvent, elle n'était pas là quand je me levais. C'est une battante, je m'en suis rendu compte tard, en grandissant. »

Amira présente ses parents comme des gens ouverts, elle ne tarit pas d'éloges sur leur éducation et la liberté qu'on lui a toujours laissé. « Quand j'avais quinze ans, j'ai commencé à voyager en France, je suis allée à Lyon, à Paris, à Cannes, ce n'était pas du tout un problème pour mes parents », raconte-t-elle. La jeune fille reconnaît toutefois une certaine différence d'éducation entre filles et garçons. « Même dans ma famille, on voit que ce n'est pas la même chose, j'ai une sœur et un frère qui ont quinze et seize ans, et on ne leur demande pas la même chose. On ne demandera jamais au garçon de participer aux tâches ménagères. »

Ce sujet fait sourire Zohra qui, à trente-cinq ans, est considérée comme une ancienne. « Tu verras ça dans beaucoup de familles ici, les garçons on ne les éduque pas de la même manière, dit-elle. On éduque les filles pour qu'elles deviennent des mamans. Elle ne sort que si elle a terminé le ménage, à l'inverse, le garçon, on le sert à table. Moi, je le vois avec mon mari, il n'est pas comme ça, mais il a été éduqué comme ça ! » Aujourd'hui encore, quand elle sort, Zohra peine à expliquer à certaines amies que son mari est resté à la maison garder les enfants. « Elles me disent : “Tu laisses ton mari faire ça ?” Ça me fait rire », raconte-t-elle.

Zohra connaît bien Amira, elles ont travaillé sur le même projet musical il y a quelques années, avec Mathurin, un médiateur du quartier et producteur de musique. Comme Amira, Zohra est issue d'une famille d'origine algérienne. Je l'ai rencontrée via les réseaux sociaux, sur lesquels la jeune femme partage ses créations musicales. À trente-cinq ans, et avec deux petits enfants, Zohra reprend une carrière de rap, interrompue il y a une dizaine d'années après la faillite de son incubateur de talents. Zohra est une femme énergique, elle parle haut, et s'enorgueillit de son franc-parler, ce qui ne manque jamais de faire rire Mathurin. Zohra a été séduite par l'idée de centrer le récit de ce chapitre autour de figures féminines. « Tu ouvres un journal, tu allumes la télévision : quand on parle des quartiers, on ne parle que des mecs ! Les mecs qui traînent, les mecs qui dealent. Sauf qu'il y a aussi des filles dans les quartiers, surprise ! »

Zohra a eu une enfance particulière, marquée par le départ de son père de la maison familiale quand elle était adolescente. Elle a vu sa mère trimer pour rapporter de quoi remplir les assiettes. « J'en ai beaucoup voulu à mon père. C'est même comme ça que j'ai commencé le rap. En écrivant des textes pour extérioriser ma colère », confie-t-elle. Les déboires familiaux ont vacciné Zohra contre toute idéalisation du rôle masculin au sein du couple. « Ma mère nous a enseigné qu'il ne fallait rien attendre des hommes. Elle s'est débrouillée toute seule, et elle nous a appris à faire de même. » Garçon manqué, la jeune fille, s'est imposée au milieu des garçons, bousculant les codes et les idées reçues. À l'âge de quinze ans, elle a commencé à raper, arpentant le bitume de la Reynerie, écrivant ses textes qu'elle enregistrait dans le studio de Mathurin. « C'est dur de s'imposer dans le rap quand tu es une fille, explique-t-elle. C'était dur quand j'avais seize ans, c'est dur quand j'en ai trente-cinq. » Zohra se souvient des insultes, des moqueries, des sermons. « Combien de fois on m'a expliqué que ma place était dans la cuisine, que le rap, c'était une musique d'homme », dit-elle. Mathurin ne peut qu'acquiescer. « Aujourd'hui encore, trouver des artistes qui acceptent de raper avec elle, c'est compliqué, dit-il. Les hommes acceptent des filles qui chantent, pas des filles qui rapent. »

Quand elles parlent, Zohra et Amira relient ces contraintes au degré de conservatisme de la famille, qui relève autant d'une attache à la culture arabe qu'à la religion musulmane. Elles différencient les familles, et mettent en avant leurs origines pour me faire comprendre. « C'est comme ça », « Chez nous, c'est ainsi », justifient-elles. Leurs récits dessinent un modèle familial où la division des tâches est bien fixée. « Chez nous, l'homme doit apporter l'argent, la femme s'occupe du foyer, résume Amira. Même si dans les faits, beaucoup de femmes travaillent et contribuent aux revenus familiaux. » À l'un la gestion du foyer, à l'autre sa protection.

Sur la petite terrasse du restaurant *G faim*, aux portes de l'université du Mirail, Omar et Ousmane déjeunent d'un burger. Les burgers d'ici sont réputés, le restaurant vient d'ouvrir, mais la famille qui est derrière le comptoir est célèbre au quartier. J'ai passé beaucoup de temps sur leur terrasse à écouter, discuter. Samir est l'un des frères qui tient l'endroit, un des premiers habitants que j'ai rencontrés et qui a accepté de me parler. Au Mirail, tout le monde connaît ses vidéos Snapchat qui racontent le quotidien du quartier. Depuis quelques mois, il est l'animateur de l'émission « Mon beau quartier » sur la radio locale Esprit Occitanie, où il essaie de donner la parole aux habitants. Omar et Ousmane viennent régulièrement ici, je les aborde, et nous commençons à discuter. Je leur parle de mon travail, du quartier, et de la place que les femmes y occupent. Dans leurs têtes d'étudiants de vingt ans, la répartition des tâches au sein des familles est bien intégrée, ils en parlent sans détour.

« Les filles font ce qu'elles veulent. Après, une fille, ça doit faire attention », tente de m'expliquer Omar.

Je ne comprends pas vraiment.

« Une fille, elle doit préserver sa réputation, dans son propre intérêt, continue Ousmane avec pédagogie. Ici, la réputation, c'est important.

– C'est pour ça, il faut faire attention, reprend Omar, continuant la démonstration. Mes sœurs, elles font attention, et nous, on doit aussi faire attention pour elles. »

J'acquiesce, moyennement convaincu, et je leur demande plus de précisions. Omar est hésitant, il tente de m'expliquer du mieux qu'il peut sa position.

« Eh bien, quand on va à une fête avec elles, on fait attention à elles, poursuit Omar. On voit qui elles fréquentent. Toi, tu n'aurais pas envie que ta sœur traîne avec des filles qui exercent une mauvaise influence sur elle ? Tu n'aimerais pas qu'elle fréquente des garçons qui veulent… Enfin tu vois, quoi ! » m'apostrophe-t-il.

Cette même vision de la famille comme cocon protégé, où les hommes doivent protéger les femmes de l'extérieur, revient aussi dans le discours d'Amira. « Dans un quartier, tu as un honneur à respecter, l'honneur de ta famille, c'est la vérité », reconnaît-elle. Cet « honneur », cette « réputation », il faut les protéger du qu'en-dira-t-on, dans un environnement où tout le monde se connaît plus ou moins, et où les rumeurs vont vite. Le quartier est comme un grand village, où entre les habitations, les gens parlent, commentent, jugent, sans qu'il soit possible pour quiconque d'y échapper. Même dans sa famille, avec des parents qu'elle décrit volontiers comme ouverts, Amira reconnaît que cet état d'esprit est bien présent. « Ma sœur, ça lui arrive de mettre des jupes, raconte-t-elle, pour des anniversaires par exemple. Eh bien, elle s'inquiète toujours de savoir si papa est là, elle ne veut pas qu'il la voie habillée comme ça. Il faut dire la vérité, chez nous, ça ne se fait pas. »

Pourtant, aux dires de la jeune femme, ses parents sont plus laxistes que ceux de beaucoup de ses amies. « Une de mes amies de vingt-sept ans doit toujours demander l'autorisation de sortir à son père, alors qu'elle va se marier ! Et elle sait que si elle n'est pas rentrée à l'heure convenue, son père va l'appeler. » Au sein des familles, les garçons ne sont pas logés à la même enseigne : « On les laisse faire ce qu'ils veulent, pour eux, il n'y a pas la question de "les protéger" comme pour les filles. »

À l'horizon se dessine le mariage, point d'aboutissement de l'éducation. La protection de la famille se comprend ainsi : la jeune fille doit se présenter pure à son mari. « Les femmes se préservent plus, c'est certain. Il y a des femmes qui couchent avant le mariage, comme partout, mais les femmes se préservent plus que les hommes. Mais je pense que c'est partout pareil », remarque Amira. La jeune femme n'est pas gênée de parler de ce sujet : pour elle, tout se tient. Mais qu'en est-il des garçons ? Mathurin le fait d'ailleurs bien remarquer, cette exigence de virginité avant le mariage n'est pas le seul apanage des jeunes filles, elle s'applique aussi aux jeunes hommes. Amira rigole, elle est un peu gênée. « La femme, si elle le fait, tu vas le voir, répond-elle. Mais l'homme, tu ne le verras pas. » Je comprends alors qu'elle fait référence à l'hymen, dont la présence intacte est perçue comme un gage de virginité. « Les filles font plus attention, parce qu'elles savent qu'elles ne peuvent pas tricher », m'explique Amira. Mathurin acquiesce. « Avant il y avait beaucoup d'opérations pour réparer, dit-il, ça se faisait beaucoup dans le quartier, on connaissait les docteurs qui faisaient ça. Maintenant, j'ai l'impression qu'il y en a moins. »

Cette obsession de la pureté n'est pas l'apanage des seuls parents. Elle se retrouve dans une distinction commune pour les plus jeunes entre les « filles bien » et les « filles de mauvaise réputation ». Pour les garçons du quartier avec lesquels j'ai pu discuter, le sexe est un sujet tabou, on en parle peu, ou alors si on en parle, c'est pour rigoler, faire le fier. Devant moi, ils sont nombreux à admettre des rapports sexuels avant le mariage, certains s'en enorgueillissent à demi-mot. Si certains désignent comme « leur copine » celle avec qui ils ont couché, ils ne sont pas la majorité. Pour beaucoup, elles restent des « meufs », avec qui ils ont fait des « trucs ». Quand on leur parle de religion, de mariage, le ton change. Ces « filles » sont bonnes à faire l'amour « comme ça », mais certainement pas à se marier. « T'as pas envie de te marier avec une fille qui a déjà couché avec plein de mecs », me dit un jeune garçon, en classe de terminale. Qu'importe s'ils en parlent mal, « ces filles-là, elles cherchent, m'explique son compère du même âge. Quand tu t'habilles sexy, qu'on voit ton ventre, ton décolleté, ça veut bien dire quelque chose. »

Chez beaucoup de filles, la même réflexion est à l'œuvre, en plus modéré toutefois, mais on retrouve dans leur discours cette même distinction, ou du moins la condamnation des filles qui « cherchent ». « Les filles qui s'habillent de manière provocante, avec des minijupes, tout ça, c'est mal vu dans le quartier, elles traînent une mauvaise réputation, explique Amira. Je ne leur en veux pas, elles font ce qu'elles veulent, certaines sont mes copines. Mais dans un quartier, tu as un honneur à respecter », répète-t-elle. Pour ces jeunes filles qui se retrouvent catégorisées dans la mauvaise case, l'école peut rapidement devenir un enfer : « Il y a des cas de harcèlement très violent, me dit Mathurin. Et c'est encore plus violent avec les réseaux sociaux, une fois que c'est parti, ça ne s'arrête plus. Et si jamais tu as des photos qui traînent, là t'es fichue ! »

Amira n'a jamais eu de petit ami au quartier. Chaque année à l'été, elle retrouvait un garçon de son âge en Algérie, un ami de la famille, du même village. Dès leurs seize ans, les deux adolescents entretenaient une relation chaste et secrète. « Bon, évidemment, ma mère avait deviné. Et puis on s'est mariés, il y a tout juste un mois ! » La jeune fille s'est donc toujours tenue à l'écart des amourettes d'adolescents, et elle dit s'en être très bien portée. « Je n'avais pas d'ami garçon, je traînais qu'avec des filles. » Au collège, puis au lycée, certaines filles avaient des copains, comme partout en France, et certaines couchaient avec eux, comme partout en France. « La moyenne d'âge du premier rapport sexuel dans les quartiers est globalement la même qu'ailleurs, explique Mylène, une éducatrice spécialisée dans l'accompagnement des jeunes filles. Le problème, c'est que l'éducation sexuelle est vraiment catastrophique. On ne parle pas dans les familles, ça reste un sujet tabou, autant pour les garçons que pour les filles. Résultat, on a des filles qui ne se protègent pas, des grossesses non désirées que les garçons n'assument pas forcément, des filles qui se font jeter de chez elles. » Amira se souvient d'une de ses amies de lycée, tombée enceinte à seize ans. « Elle avait une réputation avant déjà, c'était le genre de fille qui envoyait des messages à plusieurs mecs en même temps, alors que les mecs en question étaient tout le temps ensemble ! dit-elle. Quand elle a eu un enfant, ça a été très dur, ses parents l'ont très mal pris, elle est partie en dépression, et depuis elle est terminée. Elle ne fait plus rien à part fumer du shit. » « Souvent, on dit que ce sont des filles sans père », avance Amira en guise d'explication. Je suis sceptique. Elle avoue qu'elle n'en sait rien. Seulement, par cette remarque balancée sans réfléchir, marque d'une idée reçue bien ancrée chez elles, Amira perpétue l'idée que sans protection masculine, la femme est vulnérable, y compris sexuellement.

*

Pour Amira, porter le voile l'a tout de suite placée dans la case des filles bien. « C'est sûr, dit-elle, quand on porte le voile, ça change. Avec un voile, je sais que je ne me ferai jamais voler mon téléphone, dit-elle. Tout de suite, on me prend pour une maman. » La jeune femme a choisi de porter le voile à l'âge de quinze ans, alors que, dans sa famille, les femmes ne le portent pas. Elle présente ce choix comme le fruit d'une réflexion menée à partir de ses lectures du Coran et des commentaires qu'elle a consulté en librairie ou sur internet. « Quand j'étais chez des amis, je devais emprunter des vêtements pour faire la prière. Le Coran nous demande de porter des vêtements longs et amples. Si t'es en jean moulant, tu ne peux pas faire la prière, je ne trouvais pas ça cohérent, on doit pouvoir être en situation de prier tout le temps », juge la jeune femme. Aujourd'hui, elle porte des vêtements amples et longs, ses vestes tombent sur les cuisses, et ses manches recouvrent ses poignets. Aujourd'hui, la jeune femme est claire sur la question. « Le voile, c'est obligatoire dans la religion musulmane, faut arrêter de se cacher », tranche-t-elle. De l'autre côté de la table, Mathurin, tique en souriant. « C'est discutable ! » Amira poursuit : « Après, évidemment, je n'oblige personne. Dans l'islam on dit "Allah guide qui il veut", ça veut dire que selon les personnes, cela peut intervenir à des moments différents, et il faut le respecter. Mais, par exemple, pour ma mère : je lui ai déjà dit que j'espérais qu'un jour elle porte le voile. »

Comme Amira, plusieurs de ses amies ont décidé de se couvrir la tête, bien que leurs mères ne portent pas le voile. « Il y a de plus en plus de personnes qui se voilent, surtout chez les jeunes », note la jeune femme. Un constat que partage Fatima, une ancienne du quartier, âgée d'une quarantaine d'années. « Quand on était jeune, personne n'était voilé et certainement pas nos mères. Aujourd'hui, j'entends de plus en plus de mes amies dire qu'elles se sentent prêtes », me dit-elle. J'ai rencontré Fatima au restaurant de Samir, où j'aimais traîner, écouter, discuter. Fatima est une ancienne militante du MIB – le Mouvement de l'immigration et des banlieues – qui entendait porter la voix des quartiers défavorisés après les émeutes de 2005. « J'ai été une des premières femmes à me poser ici en terrasse et à fumer ma clope. Je me suis toujours battue pour ce droit, pouvoir m'asseoir où je voulais », revendique-t-elle. Fatima est croyante, mais à bien des égards elle ne se reconnaît pas dans la foi des plus jeunes. « Nos parents ne connaissaient pas l'islam, ils pratiquaient modérément, on faisait la prière, le ramadan, l'Aïd. Mais, à notre époque, il n'y avait pas de débat hallal ou pas hallal : on allait à la boucherie hallal pour la maison, mais dehors, on mangeait des Big Mac! tonne-t-elle de sa voix énergique. Et puis il y a eu les gens du pays qui sont arrivés, dans les années 1990, maintenant, c'est différent… »

Quand elle revêt pour la première fois le couvre-chef islamique, Amira se heurte à l'hostilité de sa famille, en particulier de sa mère, qui ne voit dans le voile qu'une raison supplémentaire pour sa fille de s'attirer des problèmes. Pour la mère comme pour la fille, le voile est l'indice d'une affirmation identitaire, seulement chacune le vit d'une manière diamétralement opposée. La mère d'Amira, née en France de parents algériens, est représentative d'une génération qui a grandi dans l'espoir de s'intégrer sans faire de bruit. Pour Amira, sa génération n'a rien à prouver, l'intégration n'est plus une question tant son appartenance à la France est une évidence, mais porter le voile est aussi une manière d'affirmer son identité musulmane. Cette double identité, Amira la porte fièrement, et au sens propre. Quand je rencontre la jeune femme, elle revêt le traditionnel *hijab* qui enserre la tête et le cou, mais par-dessus, elle a fiché un béret basque à la façon de Michèle Morgan dans *Le Quai des brumes*.

« Ma mère ne voulait pas que je le porte, se souvient la jeune femme. On était en 2015, en plein pendant les attentats de *Charlie Hebdo*, du Bataclan. Elle avait peur qu'on s'en prenne à moi, elle me disait : "Quand tu vas en ville, tu mets un turban." Et puis elle avait peur que je me fasse engrainer par les mauvaises personnes, à un moment elle ne voulait même plus que j'aille à la mosquée ! » Il faut dire qu'entre 2012 et 2015 Toulouse et plus particulièrement le Mirail ont été sous le feu des projecteurs. En tout, plus d'une centaine d'enfants de Toulouse se sont rendus en Syrie entre 2012 et 2017[3]. Après les attentats de Mohammed Merah en 2012, un natif des Isard dans le nord de la ville, c'est au tour de deux habitants de la Reynerie de faire parler d'eux, les frères Clain, aujourd'hui présumés morts en Syrie. En 2015, c'est Fabien Clain qui se fait la voix de l'État islamique pour revendiquer les attentats de Paris, tandis que son frère Jean-Michel chante l'*anachid*, la mélopée religieuse qui l'accompagne.

La question de l'islam radical est un véritable tabou dans le quartier. Il suffit de prononcer le nom des frères Clain pour que les bouches se ferment. Mathurin les a connus, dans le temps où ils étaient voisins dans le

3. Hugo MICHERON, *Le Jihadisme français, quartiers, Syrie, prison*, Paris, Gallimard, 2020.

bâtiment Auriacombe à la Reynerie. Mathurin, issue d'une famille de Camerounais catholiques, est un converti, dont l'islam est tout à fait tranquille, mais lui-même reconnaît l'aura dont bénéficiaient les frères. « Il faut reconnaître que quand ils parlaient, on les écoutait, se souvient-il. Les mecs connaissaient parfaitement la religion. » Les frères Clain étaient eux-mêmes des convertis, animés par un zèle prosélyte encore jamais vu à Toulouse. Sur les marchés, les terrains de basket ou à la mosquée de Basso-Cambo, ils ont été les pièces maîtresses du maillage islamiste du Mirail, qui fit du quartier une des filières de recrutement les plus prolifiques de France.

« On a tous connu quelqu'un qui est parti », dit Zohra. Pour elle, c'était Nabil, un camarade de collège comme les autres, qui est parti se faire tuer dans le désert syrien. Sept ans après *Charlie Hebdo*, l'islamisme n'a pas disparu du Mirail, mais il se fait discret. « Les gens qui sont là-dedans ne se la ramènent pas », explique Mathurin. Les Frères musulmans continuent leur travail : « Ils passent de temps en temps, ils font du porte-à-porte, raconte Zohra. Les derniers, ils sont passés il y a un an je dirai, ils vendaient des calendriers pour l'école islamique du quartier. » Zohra en rigole, elle les prend pour des gens un peu fous qui demandent à parler à son mari et qui n'osent pas la regarder dans les yeux ; « Eux, s'ils apprennent que je rape, *wallah*, je suis mal ! C'est *haram* ! », rigole-t-elle. Zohra reconnaît une certaine efficacité auprès des jeunes. « Ils vont voir ceux qui foutent la merde, ceux qui dealent, ils leur expliquent que ce n'est pas bien, c'est une bonne chose. »

*

Amira entretient un rapport ambigu au Mirail. Comme tous les habitants que j'ai pu rencontrer, elle ne tarit pas d'éloges sur l'état d'esprit propre aux « quartiers » qui y règne, tout en soulignant la violence qui le caractérise. « Les gens ne se rendent pas compte de la solidarité qui existe ici. Je sais que ça peut paraître cliché, mais c'est la réalité. Il n'y a pas si longtemps, il y a eu un décès dans mon immeuble, eh bien je peux vous assurer que tout l'immeuble s'organise pour préparer les repas pour la famille ; le jour de l'enterrement, il y a toujours une famille qui prête son appartement pour qu'il puisse y avoir une réception pour les hommes et une autre pour les femmes. Et tout ça c'est normal, ça arrive tout le temps ! » La jeune fille s'insurge contre le traitement médiatique du quartier, qui tourne uniquement autour du trafic de drogue et de l'islam radical. « Tout cela, ça entretient la défiance envers les médias, envers l'extérieur. »

Les femmes ne sont pas actrices du trafic de drogue, qu'elles subissent plus ou moins. Les cas de femmes dealers sont extrêmement rares, Zohra et Mathurin disent qu'elles existent, mais qu'elles sont rares. Lui-même n'en a vu que trois, et pourtant, Mathurin est un ancien, il a connu la Reynerie et Bellefontaine, et il vit actuellement dans un « four », un hall occupé par les dealers pour y vendre de la drogue. « Les filles qui sont dans les réseaux, ce sont les filles perdues, ajoute Zohra. Autant, tu peux avoir quelques gamins qui font des bêtises, mais qui en reviennent, autant, les quelques filles qui frayent dans ce milieu, elles sont vraiment dans la *hess*, comme on dit chez nous, dans la misère. » « Des bonshommes, ajoute Mathurin, des garçons manqués, qui parlent comme des hommes. »

Seulement, si elles ne tiennent pas les murs, et si elles ne tiennent pas les réseaux, les femmes peuvent toutefois être intégrées aux trafics en jouant les « nourrices ». Une « nourrice » est une planque, un appartement pour y cacher la came, qui peut servir de cache pour le charbonneur, si l'appartement est dans le même immeuble que le point de vente. « De plus en plus, les "nourrices" s'éloignent des points de vente. Un coup de scooter et tu recharges, tout en gardant ton matos au chaud », explique un policier toulousain. Par deux fois, on a proposé à Zohra de jouer les nourrices. « Ah ! Mais les mecs, ce sont des charmeurs, ils sont meilleurs que les éducateurs pour t'approcher. Je me souviens de la première fois, un des gars qui tenait le truc, il m'a juste dit : "Eh Zozotte, tu sais que si tu as besoin d'argent, tu viens nous voir, ce n'est pas compliqué." J'avais vingt ans, j'habitais encore chez mes parents, au Petit-Varèse à la Reynerie. J'avoue ça m'a tenté, j'en ai juste parlé à ma mère, juste pour voir comment elle réagissait. Elle a piqué une gueulante ! se souvient-elle en rigolant. Si demain je suis en galère, c'est certain qu'ils viendront me proposer. Ils sont bien renseignés, les gars. Faut dire que ça paie bien : la dernière fois, ils m'ont proposé 500 euros par semaine, t'imagine, ça paie quasiment mon loyer ! »

Comme dans beaucoup de quartiers, le trafic a beaucoup changé au Mirail, il s'est structuré et a augmenté ses volumes. « Maintenant ce sont des vraies multinationales, avec le P.-D.G., le directeur général, et les employés », m'explique Mehdi*, un ancien du quartier qui aujourd'hui a laissé le trafic derrière lui. « Avant, c'était artisanal, on achetait notre paquet, on la coupait et on la revendait en bas des tours. C'était la compet' entre nous. Maintenant, ça n'a rien à voir, c'est pyramidal, t'as un chef, et t'obéis! » Luigi*, un Corse qui a pendant longtemps convoyé de la marchandise par *go-fast*[4] jusqu'à Toulouse abonde dans ce sens. « Dans les années 1990, c'était autre chose, on avait affaire à une vraie voyoucratie, il y avait des codes, des choses à faire, à pas faire. Maintenant les réseaux sont tenus par des petits jeunes, qui emploient des encore plus jeunes! Les mecs veulent faire les chauds, alors ils s'entre-tuent pour un rien. Aujourd'hui, tu te fais fumer pour un rien, c'est terrifiant! »

Comme tout le monde ici, Amira connaît des gens impliqués. « Ce sont les frères, les cousins, les maris de mes amies, dit-elle. On le sait, tout le monde le sait, on ne cautionne pas, mais personne ne dit rien. » L'une de ses amies doit se marier bientôt, son fiancé est plutôt bien placé dans un réseau de la Reynerie, un poste intermédiaire, de lieutenant, plus élevé que les simples guetteurs ou les simples vendeurs. « Elle ne veut pas toucher à son argent, elle dit que c'est de l'argent sale. Sauf que lui, il la couvre de cadeaux, elle ne sait pas quoi faire. Et puis elle voudrait suivre, mais avec son salaire d'aide-soignante comment elle peut faire? Pour son anniversaire, elle lui a acheté une sacoche Valentino et un parfum Louis Vuitton, elle sait qu'il aime ça, mais ça lui a coûté 2000 euros! »

Le jeu est dangereux, la police et la prison ne sont jamais très loin. Les arrestations sont fréquentes et Amira a pris l'habitude de filmer tout ce qu'elle voit. « Je poste ça sur

4. Le *go-fast* (en français : « aller vite ») est une technique utilisée par les trafiquants pour importer des produits stupéfiants ou de contrebande en le transportant à grande vitesse, souvent de nuit.

Snapchat ensuite, mais ça peut aller loin ! Il y a quelques mois, j'ai filmé une poursuite en bas de chez moi depuis ma fenêtre, les policiers ont percuté la voile en plein dedans. La vidéo a tourné sur Twitter, c'est un peu la honte, parce qu'on l'entend dans la vidéo, j'ai l'air bête tellement je suis abasourdie ! » En 2018, la jeune fille a même été tirée de son lit en pleine nuit par une équipe du Raid. Il n'est pas loin de quatre heures du matin quand la porte craque dans un bruit sourd. Une colonne de policiers d'intervention déboule dans l'appartement familial, la jeune fille se réveille en sursaut, d'abord paniquée par les éclats de voix, puis par la silhouette sombre et cagoulée qui braque son fusil d'assaut dans sa chambre. Dans l'appartement, les faisceaux de lumière des viseurs infrarouge valsent sur les murs, Amira se retrouve dans le salon, entourée de ces hommes en noirs. À la porte, sa mère entre, elle jette un regard inquisiteur sur ses enfants, l'air de dire « lequel d'entre vous a merdé ». Son père est absent cette nuit-là, il est en déplacement sur un chantier. « Heureusement, car ils cherchaient un homme », commente-t-elle aujourd'hui. Son petit frère n'est alors âgé que de treize ans, autour d'eux, les policiers ne comprennent pas, rien ne colle. Soudain, un homme en civil entre dans la pièce : « C'est pas ici, c'est le bâtiment d'à côté ! » La jeune fille tend l'oreille, et capte des bribes de conversation entre l'homme en civil et un officier. « Il s'appelle Mohammed B., ça n'est pas ici, c'est le bloc suivant », répète-t-il. Mohammed B. Ce nom n'est pas inconnu. À côté d'elle, Soraya, sa grande sœur, a aussi entendu : elle est blême, Mohammed B. est le nom du mari d'une de ses amies proches.

Les policiers refluent, passent la porte défoncée sans un mot, ni au revoir, ni pardon. Soraya dégaine son téléphone et tente frénétiquement d'appeler son amie, de la prévenir, une colonne de policiers armés jusqu'aux dents est sur le point de débarquer chez elle. Mais il est quatre heures du matin, le Mirail est encore endormi.

La drogue est un quotidien avec lequel il faut jouer. Le quartier des Izards, dans le nord de Toulouse, reste le point le plus complexe de l'agglomération toulousaine, mais la Reynerie tient son rang. À la Reynerie, il suffit de se promener dans les rues du quartier pour identifier les blocs et les halls où se fait le trafic. Le bloc Auriacombe est le point de deal historique, le premier point de vente de coke du quartier. Aujourd'hui, on en trouve dans presque tous les bâtiments : Varèse, Messager, Poulenc, Satie… À Bellefontaine, le trafic est un peu moins structuré, un peu moins important. Au Titien, l'immeuble d'Amira, les files de clients attendent leur tour. Amira s'est faite à la présence de ces adolescents qui trafiquent en bas de chez elle. « L'autre jour, l'un d'entre eux a toqué chez moi pour me demander du cellophane. Je l'ai retrouvé cinq minutes plus tard dans l'escalier entre train de découper sa merde. Ma mère était folle de rage ! » sourit-elle. Dans la voix d'Amira, il n'y a pas vraiment de colère, la jeune femme a grandi dans cet univers, elle s'y est habituée. Elle se désole seulement de leur impunité. « Je les entends à ma fenêtre, ils ne prennent même pas la peine de parler doucement. Aujourd'hui je sais tout, je connais tout tellement ils parlent fort. »

Depuis quelques années, de plus en plus de clandestins se retrouvent à faire le guet. « Les mecs ne parlent pas un mot de français, explique le policier toulousain. Mais ils ne coûtent pas cher et ils font ce qu'on leur dit. En soi le travail n'est pas compliqué, ils sont postés au coin de la rue et dès qu'une patrouille se pointe, ils crient "Nachave[5]". » Ces immigrés sont de plus en plus nombreux dans le quartier, on les voit chaque fin d'après-midi, vers dix-sept heures, sur la place Abbal, sur le petit marché informel où se vendent des bricoles, des habits de seconde main et des cigarettes de contrebande. Entre les étals, de grands draps posés par terre, le marchandage se fait en arabe. Ces immigrés ont afflué vers le Mirail ces dernières années. « Ils sont venus ici, parce que le confinement, ici, ça n'existe pas », juge Zohra. La présence de ces sans-papiers fait l'objet d'une colère sourde pour les uns, d'une lassitude pour les autres. Pour tous, cette immigration est un problème. « Ma mère dit qu'elle votera Marine Le Pen si elle peut faire partir ces clandestins », raconte Zohra. Amira en rigole, mais pas tant que ça. « Je ne dis pas que je vais voter Le Pen, t'as vu ma tête ?, rigole-t-elle. Mais il faut dire ce qui est, Marine Le Pen, elle dit des choses que beaucoup de gens pensent ici. On ne dit pas qu'on l'aime, mais par exemple sur la question des clandestins, elle n'a pas tort. » Dans son restaurant, même Samir tient un discours fâché, et pourtant, Samir est un doux parmi les doux. « Faut dire ce qui est, on n'a pas récupéré les meilleurs. Ces gens-là, au bled, ce sont des racailles des favelas. Maintenant, ils viennent directement ici, ils connaissent la Reynerie. Ça pose des problèmes, je ne vais pas te mentir, il y en a qui ont sorti les fusils. »

*

5. Décamper, en argot gitan.

Amira n'aime pas beaucoup les féministes, je l'ai bien compris. « Elles exagèrent, juge-t-elle, elles veulent nous faire croire qu'on doit absolument être identique aux hommes, pour ne pas être soumises. Mais moi, je n'ai aucun problème à dire que nous sommes complémentaires, y compris dans la répartition des tâches. Je serai très heureuse de m'arrêter de travailler un jour pour m'occuper de la maison, et je ne vois pas le problème de préparer à manger à mon mari pour qu'il se sente bien. À l'inverse, quand mon mari, il arrivera d'Algérie, ça va être compliqué pour lui de travailler tout de suite, je sais bien que c'est moi qui vais subvenir aux besoins du foyer pendant plusieurs années », dit-elle. Je lui fais remarquer que ses positions ne la rangent pas dans le camp des progressistes les plus modernes. Amira rigole, elle assume : « Je vois bien que dans la maison de retraite où je travaille, je partage beaucoup de points de vue avec les personnes âgées ! »

Depuis maintenant un mois donc, Amira est mariée. En attendant qu'il puisse la rejoindre en France, elle reste chez ses parents, elle y est bien, et puis, ses tantes, ses grands-parents, ses cousines habitent tout près. La jeune fille sait qu'elle doit attendre de longs mois avant d'espérer le voir poser ses valises à l'aéroport de Marignane, peut-être un an. Mais après tout, le couple vit de part et d'autre de la Méditerranée depuis qu'ils se connaissent, depuis qu'ils ont quinze ans. « À ce moment-là, on décidera où on ira vivre. Je ne sais pas encore, on ne roulera pas sur l'or.

– Et pourquoi pas au quartier? Le Mirail, c'est une affaire de famille j'ai l'impression, lui demandai-je.

– Ah non, pas le quartier! Je l'ai dit, je le dis une autre fois, je l'adore le quartier, il viendra voir où j'ai grandi, mais je n'ai pas envie qu'on habite ici. Le quartier, c'est trop de tentations pour un homme ! rigole-t-elle. Lui, il ne travaillera pas, on va lui proposer de rentrer dans des affaires pas nettes, et puis ici, il y a que des Algériens, il faut qu'il voie autre chose ! »

Rennes
Maurepas

–

Pascal Lesage

Le quartier comme rédemption

Le Cabinet Photographique ne paie pas de mine, coincé comme il est, sous les arcades bétonnées de la place du Gros-Chêne, à l'orée du quartier rennais de Maurepas. La lumière chaude de la boutique attire toutefois l'œil instantanément, elle tranche avec les néons blafards de la boucherie voisine. La devanture vitrée présente des portraits d'habitants, certaines photos ont cette étrange couleur bleue des cyanotypes, un bleu lumineux, presque Klein. Le local est fermé, mais on devine à travers la vitre un endroit chaleureux, où s'amassent fauteuils de palettes et tables encombrées. Rien à voir avec l'extérieur, gris et maussade, bétonné. Les arcades, qui promettaient une promenade abritée, propice à la rencontre et à la discussion, sont devenues mal famées. Il est presque deux heures de l'après-midi, et devant le Cabinet, un petit groupe de jeunes Guyanais traîne, adossés contre les murs crasseux et barbouillés de graffitis. Les gaillards sont beaux, avec leur taille élancée, leurs cheveux coiffés en tresses ou en dreadlocks, mais à s'approcher, on distingue sur leurs visages abîmés la marque de l'alcool et de la drogue. Ce jour-là, la petite troupe est de bonne humeur, les rires fusent entre les gorgées de bière. Un garçon d'une vingtaine d'années, coiffé d'un bandana orange, est assis par terre. Il ne prête pas attention à ses camarades, tout occupé qu'il est devant une cage de métal bleue. Le bonhomme nourrit deux perruches jaunes, qui piaillent sur leurs perchoirs. Un autre s'approche, s'accroupit devant lui. « Bientôt, j'en aurai une plus belle, en bois, lui dit le premier, sans lâcher des yeux ses oisillons. Une vraie du pays, je vais la faire rapporter par ma sœur. »

L'après-midi, la place du Gros-Chêne grouille de monde ; il y a ceux qui sont statiques et ceux qui la traversent. Cette place est l'engeance délabrée d'un urbanisme sur dalle suranné. Depuis l'avenue du général Patton, qui mène au centre-ville, le quartier ressemble à une forteresse. Il faut gravir une volée de marches pour atteindre la dalle, posée sur un parking sombre. De là-haut, des jeunes garçons encapuchonnés font le guet, comme sur un chemin de ronde. D'immenses tours pointent vers le ciel comme autant de donjons, et les barres d'immeubles ressemblent à des murailles. Sur la place, des voitures sont garées en plein centre, rejetant les piétons sur ses abords. Tout autour, les boutiques se collent les unes aux autres : pharmacie, magasins de téléphonie « Lycamobile », kebab, boucherie hallal, petit supermarché. Le Cabinet Photographique s'est glissé entre ceux-là. On ne le distingue pas au premier regard, il est discret et accueillant, comme Pascal d'ailleurs, le petit monsieur qui tient la boutique.

*

La première fois que je rencontre Pascal, c'est au détour d'une rue, au nord du Gros-Chêne. Gros-Chêne est une partie de Maurepas, classé quartier prioritaire de la ville et, depuis 2018, quartier de reconquête républicaine. Arnaud Mellier, un médiateur de la ville qui travaille ici depuis plus de vingt ans, me faisait faire un tour. Petit mais énergique, Arnaud me traînait d'un recoin à l'autre du quartier, me contant sans misérabilisme ni angélisme ce coin si décrié de Rennes, quand il héla : « Pascal ! » en agitant la main, à la vue d'une petite silhouette voûtée. « Lui, c'est Pascal, précise-t-il à mi-voix, une légende du quartier. Tu verras, il connaît tout le monde et tout le monde le connaît. Sa vie c'est un roman, il faut absolument que tu le rencontres, il est l'archétype du Maurepasien. » Pascal était un petit monsieur fort affable, emmitouflé dans une doudoune. Le printemps venait d'arriver, mais les températures bretonnes étaient encore fraîches. Parler du quartier l'enchantait : « Je lui dois tout ! », m'expliqua-t-il.

Je le retrouve un après-midi. Passé la porte du Cabinet Photographique, on entre dans son univers. Sur le comptoir, une cafetière chaude attend le prochain visiteur. Pascal termine quelques affaires. L'association des commerçants du Gast, le quartier voisin, lui a commandé une série de portraits, un gros projet pour le Cabinet. Pascal est tombé dans la photo comme on tombe par terre : sans faire exprès. Il a rencontré Jacques Demont, le photographe qui a créé l'endroit, au centre social. Jacques photographiait les habitants du quartier, alors il a proposé à Pascal de lui tirer le portrait. Pascal a accepté, d'abord méfiant. Mais petit à petit, il est revenu au cabinet pour donner un coup de main, jusqu'à finalement devenir son assistant. Leur collaboration ne dura que huit mois, Jacques fut emporté par un cancer et laissa orphelin le Cabinet Photographique, jusqu'à ce que Pascal décide d'en reprendre les rênes. « Au début, je ne voulais pas que Jacques me prenne en photo, je n'aimais pas mon visage, je n'aimais pas ce qu'il portait, m'explique Pascal quand nous nous retrouvons pour discuter. Mais Jacques, c'est un magicien, ce qu'il a fait, c'est bien plus que me prendre en photo, il m'a rendu mon image. » Dans le petit appartement maurepasien de Pascal, la salle de bains n'a à l'époque pas de miroir, Pascal l'a recouvert d'une serviette dès ses premiers pas dans le logement. Son visage buriné porte les stigmates d'une vie de souffrance, reçue autant qu'infligée. « Je ne pouvais pas me regarder dans une glace. Ce que je voyais, c'était le visage d'un assassin. »

Pascal Lesage a passé dix-sept ans en prison, dont sept en isolement pour « tentative de meurtre avec acte de barbarie ». En 1993, Pascal était un vagabond sans domicile fixe, lourdement alcoolique, et notoirement violent. « À un moment, je buvais huit litres de blanc par jour, j'agressais tout le monde dans la rue », raconte-t-il. Depuis neuf ans, il dormait dehors et vivait de ses larcins. « Pendant deux ans, j'ai volé des chaussures à la mosquée de Saint-Denis pendant les heures de prières, se souvient-il. Je les revendais ensuite au marché de Montreuil. Un jour ils m'ont attrapé, mais ils ne m'ont pas tabassé, non. Au contraire, ils m'ont proposé de dormir à la mosquée et de dîner le soir avec eux. » Autour de la table basse et de nos cafés fumants, Pascal me raconte cette époque obscure, terrible, violente et trouble, tellement l'alcool en a altéré le souvenir. « C'est la première fois », me dit-il simplement. Je sens alors que les larmes lui montent aux yeux tandis que sa bouche se tord d'un rictus pour maîtriser sa voix. « Je vivais comme un animal, j'étais un clochard, je ne me lavais pas, j'étais ivre en permanence. J'étais pire qu'une bête. »

Un soir d'été, alors qu'il s'enivrait avec ses compagnons de cloche sur la place du Châtelet à Paris, une dispute a éclaté, et Pascal a pris un coup sur le visage. Pascal a toujours été un nerveux, et le coup le précipita dans une fureur incontrôlable. Cette fois, et à la différence de toutes ces colères passées, Pascal ne se jeta pas sur son compagnon pour lui rendre son coup. Calmement, il entra chez l'épicier voisin, acheta une bouteille d'alcool à 90 degrés, en aspergea son camarade, et d'un coup de briquet le transforma en torche humaine. Le pauvre hère mourut six mois plus tard à l'hôpital, et Pascal en prit pour vingt ans.

Dix-sept années plus tard, Pascal est sorti du centre pénitentiaire de Rennes, où il avait terminé son incarcération. Dehors, son tuteur l'attendait pour l'accompagner chez lui, dans le logement que l'office HLM lui avait attribué, à Maurepas, dans le nord de la ville. Dans le bus, la confrontation avec la réalité fut violente. « Les gens hurlaient dans leur téléphone. Moi, je n'en avais quasiment jamais vu, de téléphones portables, ils me semblaient tous fous ! » Le bus s'est arrêté, les portes se sont ouvertes, il a fallu sortir. Pascal a traîné sa valise jusqu'à l'entrée d'une tour blanche, un peu sale, un peu vieillotte, « C'est au cinquième », a glissé le tuteur. « Au début, ça a été difficile, se souvient Pascal. J'avais passé dix-sept ans dans une cellule de trois mètres sur deux, ici, ça me paraissait immense. Je voulais rentrer, la prison, c'était chez moi ! »

*

« Au Gros-Chêne, on a plusieurs types de population assez différentes », m'explique Arnaud Mellier, continuant de faire le tour du quartier. « D'abord, tu as une population issue des Antilles, souvent très pauvre. Tu as une population immigrée, très pauvre aussi. Tu as des précaires qui cumulent les difficultés pas seulement économiques, mais aussi sociales, beaucoup de femmes seules, des gens avec des problèmes d'addiction. Et puis tu as des gens avec des problèmes psychiatriques, logés dans des appartements qui leur sont spécialement dédiés. » La place du Gros-Chêne est un condensé du quartier : à la barre nord qui abrite un habitat social occupé par une population pauvre répond la barre sud qui accueille des appartements thérapeutiques, destinés à des personnes souffrant de problèmes psychiatriques. Entre les deux, les jeunes traînent, souvent sans histoire, mais la violence peut se déchaîner rapidement. En août 2020, la sandwicherie kebab qui tenait l'angle de la rue a ainsi été ravagée par une quinzaine de jeunes du quartier. Désœuvrée, la bande occupait la terrasse de l'établissement pour s'abriter de la chaleur de l'été, et ne supporta pas que son gérant, un Afghan qui tenait l'établissement depuis des années, leur demande de libérer la place. Leur colère se changea rapidement en brutalité, le commerçant et son employé furent poignardés à plusieurs reprises, et le restaurant fut saccagé. « Ils chient là où ils mangent », commente simplement Pascal.

Maurepas et le Gros-Chêne ont toujours été des lieux de relégation pour les populations considérées comme indésirables, les étrangers, les repris de justice, les « fous ». À l'angle de l'avenue du général Patton et de l'avenue Volney, en contrebas du quartier en direction du centre-ville, une vieille bâtisse marque le carrefour. Il s'agit de l'ancien octroi qui indiquait l'entrée dans la ville de Rennes où les paysans devaient s'acquitter d'une taxe sur leurs marchandises. Ces paysans, étrangers à la ville, dressaient leurs campements à l'extérieur de la ville, là où s'étend aujourd'hui le quartier du Gros-Chêne.

Bien plus tard, l'endroit fut choisi pour construire un quartier destiné à accueillir la population rurale nouvellement arrivée, ainsi que les rapatriés d'Algérie. La construction du quartier commença en 1956 : à l'époque le manque de logements se faisait sentir. Partout en France, naquirent ces « grands ensembles », fait de barres d'immeubles et de tours. L'industrie du béton et le préfabriqué promettaient une construction rapide et bon marché. Dès 1958, les premiers habitants s'installèrent à Maurepas. L'endroit était une promesse de modernité pour ces anciens ruraux. Maurepas s'inspira des principes de l'architecture moderne et des canons fonctionnels, posés par la Charte d'Athènes et Le Corbusier en 1933. Ici, la rue laisse place à de vastes espaces verts et les voitures sont confinées aux parkings. Le quartier est pourvu en équipements divers et variés : maison de la jeunesse, équipements sportifs, école, boutiques et supermarchés, le tout organisé autour d'une place. Maurepas est une expérience sociale, un village de béton dans la ville, censé réinventer une nouvelle sociabilité urbaine.

Soixante-dix années plus tard, l'expérience est un échec. La vie de quartier est là, certes, mais avec elle est venue son corollaire : l'enfermement. Maurepas est devenu un espace de relégation, clos sur lui-même. Nul besoin de sortir d'ici quand le centre social, le supermarché et la pharmacie sont en bas de chez soi… Les appartements se dégradent peu à peu, malgré les opérations de rénovation régulières. Dans les années 1950, les nouveaux habitants, issus de l'immigration ou de l'exode rural, étaient peu regardants sur la qualité : qu'importe la finesse des cloisons quand on a l'eau courante, qu'importe le bruit, quand on a l'électricité. Dans les tours du quartier, les classes moyennes en quête d'ascension sociale sont parties. Une grande partie des habitants les imitent : dès qu'une famille voit sa situation se stabiliser, elle quitte l'endroit pour s'installer dans un quartier plus tranquille. Ceux qui restent sont ceux qui n'ont pas le choix. Le Gros-Chêne abrite une misère sociale parmi les plus lourdes de l'agglomération rennaise. En 2020, seuls 15,9 % de la population était imposable et 50,1 % de la population vivait sous le seuil de pauvreté. Un ménage sur deux était composé d'une personne seule, tandis que la proportion de familles monoparentales était de 15 % contre 10 % pour les couples avec enfants. Dans les rues, on ne voit quasiment que les jeunes, quelques personnes plus âgées traversent l'espace public, et tout une partie des habitants est tout simplement invisible, et ne sort que très rarement de chez elle. « Avec eux, il y a un vrai travail pour aller les voir, toquer à leur porte, pour leur proposer une assistance », précise Arnaud.

Avec les « 800 euros et des bananes » que lui verse chaque mois la Maison départementale des personnes handicapées (MDPH) au titre de son allocation adulte handicapé, Pascal est un « pauvre ». « C'est dur comme étiquette, tu te rends compte ? », me dit-il un matin que je le retrouve pour partager un café. « Pauvre, répète-t-il. Un pauvre, personne n'en veut. » Pourtant, Pascal est habitué aux étiquettes, il les énumère : « On m'a dit que j'étais un "clochard" quand je dormais dans la rue, que j'étais un "cassos" parce que je ne savais pas lire ni écrire, que j'étais un "taulard" quand je suis sorti de prison ».

Une fois payés son loyer, ses charges, il reste à peu près 550 euros à Pascal pour vivre. « Avec ça, je ne peux pas faire de folie », dit-il. Depuis sa sortie de prison, Pascal est sous curatelle, il a un tuteur qui gère son argent pour lui. Il n'a donc pas d'autres choix que faire attention. Pour boucler son budget, il a appris à choisir. « Je saute des repas régulièrement. Parfois, je n'en prends qu'un par jour, dit-il, ça me permet de me faire plaisir de temps en temps. J'aime bien le kebab, tu vois, j'y vais souvent. Mais t'imagines : 6,50 euros, 42 francs ! Avant, 42 francs, ça me suffisait pour une semaine ! s'exclame-t-il. Après, je ne suis pas à plaindre, il y a des familles qui ont autant que moi, mais avec des enfants à nourrir ! Moi, ce n'est pas le luxe, mais je m'en sors. »

Pascal pourrait bien se rendre à la banque alimentaire, mais il refuse, il est bien trop fier. « Pour quoi faire ? Moi, je travaille à temps plein pour ce quartier comme bénévole, et on n'est même pas foutu de me verser ne serait-ce qu'un mi-temps ! Après, on me dit que je peux aller récupérer un carton de nourriture gratos. Mais je ne suis pas un chien à qui on jette un os ! » Pascal se rend tout de même deux fois par mois à l'« étal convivial », une vente à prix cassé de fruits et légumes organisée par le Secours catholique.

Au Cabinet Photographique, Pascal est l'un de ces milliers d'accidentés de la vie qui ont échoué dans le quartier. Je le retrouve un après-midi, peu après le déjeuner. Ce jour-là, il est en compagnie de deux autres bénévoles, qui l'aident à tenir le local ouvert pour assurer l'accueil des habitants qui poussent la porte. Il y a Mireille, une femme fatiguée, aux longs cheveux argentés qui encadrent un visage timide, et Élodie*, plus jeune, blonde et emmitouflée dans une doudoune noire. Assis dans les canapés de palettes, on boit le café préparé par Pascal. Mireille parle peu, « elle fait aller », dit-elle. Mireille souffre de schizophrénie, elle n'est pas la seule dans le quartier, Pascal lui-même a été diagnostiqué à sa sortie de prison. Ce jour-là, elle est venue avec son fils, un garçon de quatorze ans aux cheveux bouclés et aux yeux rieurs. « C'est un bon p'tit, je l'appelle "beau gosse", sourit Pascal. Il s'occupe bien de sa maman. » Depuis vingt ans, Mireille habite un appartement de l'immeuble qui donne sur la nouvelle station de métro. Son bâtiment est en rénovation, la façade est bardée d'échafaudages. « Avec la nouvelle station de métro, mon immeuble est en première ligne maintenant, alors il faut bien qu'il soit beau, sourit-elle. En 2015, il y a même eu François Hollande qui est venu. Évidemment, il n'est pas allé plus loin dans le quartier, il est resté au métro, là où il y a les travaux. » L'appartement de Mireille a lui aussi bénéficié de quelques menus travaux. « Ils ont refait le lino de la cuisine et un peu de peinture. Mais bon, ce n'est pas grand-chose : il faudrait refaire toute l'électricité, tellement c'est vieux », dit-elle. Depuis plusieurs années, le quartier est en travaux, l'Agence nationale pour la rénovation urbaine (ANRU) tente de gommer comme elle peut les erreurs urbanistiques et architecturales passées. En tout, le bailleur Archipel Habitat prévoit la réhabilitation de 1 250 logements, dans dix tours. Outre les bâtiments attenants au métro, les tours 5 et 7 de la rue Emmanuel-Mounier vont aussi être rénovées, pour améliorer l'isolation thermique et l'acoustique des appartements.

À côté de Mireille, Élodie est tout aussi discrète. Dans le canapé, elle se blottit contre l'accoudoir, comme si elle s'excusait d'occuper une place. Élodie a quarante ans et deux filles, nées chacune d'un père différent. La première vit avec elle, après avoir été élevée en famille d'accueil ; elle est caissière dans un carrefour du centre-ville. Le père de cet enfant leur a mené la vie dure, il buvait trop. Sa seconde fille a neuf ans, elle vit toujours en famille d'accueil. Elle revient le week-end et les vacances chez sa mère. « À sa naissance, j'ai fait une dépression. Je ne sais pas pourquoi, dit-elle. Peut-être parce que son père est reparti au Sénégal et a refusé de la reconnaître, oui », réfléchit-elle à haute voix.

Élodie a été violée en 2013. Cela s'est passé chez son compagnon d'alors, l'agresseur était l'un des amis de celui-ci. Des mois durant, Elodie n'est pas sortie de chez elle, ou à peine. « J'évitais les endroits où il y avait du monde, j'évitais de rencontrer les gens, je vivais toute seule », se souvient-elle. Pourtant, quand Pascal lui propose un café, un matin de mars, elle accepte. Dans le petit appartement de ce petit homme, elle se met à parler, lâche tout et lui raconte son agression, la peur, la honte. Élodie avait rencontré Pascal une fois, quelques semaines plus tôt, par l'intermédiaire d'une amie en commun. À l'époque, Pascal travaillait comme bénévole au centre social, et rencontrait de plus en plus de gens, qu'il écoutait patiemment. Pascal est comme cela, il ne juge pas, comment pourrait-il ? Par une étrange alchimie, lui qui se considérait lui-même comme une bête sauvage, est devenu une oreille pour ses voisins cabossés, celui à qui on raconte ses peines, ses angoisses, ses faiblesses.

*

Si la place du Gros-Chêne est à une volée de marches au-dessus de la rue, le centre social de Maurepas est à une autre volée de marches au-dessus de la place. Deux volées au-dessus de la rue donc. C'est comme ça, un quartier de grand ensemble, un enchaînement de volées de marches, avec des dalles entre les deux. Ce matin-là, le soleil d'avril réfléchissait sa lumière sur le blanc de la dalle. J'étais arrivé à Rennes la veille en toute précipitation. Quelques jours plus tôt, Emmanuel Macron avait décrété un troisième confinement, et je voulais passer un peu de temps dans le quartier avant que celui-ci ne s'endorme à nouveau.

Je retrouve Arnaud Mellier, le médiateur de la ville, il veut m'emmener au centre social. À l'approche de l'entrée, un grand vieillard à la chevelure hirsute et à la barbe blanche surgit devant nous. À grand renfort de gestes, il fulmine et hurle, tant et si bien qu'on ne comprend qu'à peine les jurons et les insultes qu'il profère. Une femme le suit de près, elle rassure les quelques badauds rassemblés et interloqués par cette sortie en fanfare. « Il ne savait pas qu'il y avait un nouveau confinement, il vient de l'apprendre, il est très en colère », dit-elle. Pour toute la population seule et souffrant de pathologies psychologiques, le confinement a été une épreuve de solitude extrême. « Ces gens-là n'ont pas besoin que tu leur donnes 10 euros, ils ont besoin de 15 minutes de discussion. Ils ont l'habitude de venir prendre un café au centre social, ou au café en bas. Si tu leur retires ça, c'est la catastrophe », m'explique alors Arnaud Mellier.

Pascal a tenu le coup durant ces confinements successifs. « Le premier était plus compliqué que les autres, dit-il. Mais bon, encore une fois, je ne suis pas le plus à plaindre, j'ai été bien entraîné : sept années d'isolement, c'est autre chose ! » plaisante-t-il. Ses voisins ne peuvent pas en dire autant. « Un type du troisième, je sais qu'il a un traitement psychiatrique. Il n'a pas ouvert ses volets des deux premiers confinements, raconte Pascal. On ne se rend pas compte des gens. Macron a déclaré la guerre à un virus, mais il n'a pas pensé à tous ces gens, ces malades, ces personnes seules, ces personnes âgées… », énumère-t-il.

A l'inverse, dans d'autres appartements des tours de Maurepas, ce n'est pas la solitude qui a été mal vécue, mais l'entassement de familles nombreuses dans des petits espaces. Noah est un jeune garçon du quartier, arrivé voilà six ans en métropole et à Maurepas. À seize ans, il partage sa chambre avec son petit frère et un cousin. « Les autres dorment dans le salon », raconte-t-il. Dans le trois-pièces familial, ils sont dix à s'entasser. « Après, le confinement, ça n'existe pas trop ici, nous, on sortait tranquillement, rigole-t-il. Pour mes parents, c'était plus difficile, il fallait s'occuper des petits, et ma mère avait peur d'attraper le virus, elle allait travailler tous les jours à Leclerc. » Dans les écoles voisines, quand le confinement a été décidé, le branle-bas a été déclaré pour garder le lien avec les familles et maintenir l'enseignement. « J'ai dû trouver vingt-sept ordinateurs en une semaine ! », se souvient Arnaud Mellier, qui travaille dans une école voisine. « Mais quand tu as huit enfants dans un T4, même si tu leur donnes un ordinateur, comment veux-tu qu'ils s'en sortent? Ce qu'on a fait, c'est qu'on a fait à l'ancienne, on imprimait les cours sur papier, les parents venaient les chercher en début de semaine, et ils déposaient les exercices une fois terminés. »

*

Un jeune homme pousse la porte du cabinet photographique, il demande à voir Pascal. Aziz est un garçon d'une vingtaine d'années, pas bien grand, la peau noire et des dreadlocks qui jaillissent sous sa casquette. Aziz est arrivé en France métropolitaine et à Maurepas voilà deux ans. Aziz est Mahorais, il a quitté son île pour fuir la misère, et trouver une vie meilleure. Comment s'est-il retrouvé à Maurepas? Il ne le sait pas trop, mais de cousins en cousins, il s'est retrouvé dans un appartement surpeuplé d'une tour délabrée, à payer sa part du loyer. Désœuvré, sans emploi ni diplôme, Aziz a passé quatre années à dealer sur la place du Gros-Chêne, juste devant la porte du Cabinet Photographique.

Les jeunes ne fréquentent pas vraiment le Cabinet Photographique, les jeunes Antillais encore moins que les autres. À Maurepas, chacun a ses lieux de sociabilité. Aziz est une exception. Un jour qu'il traînait sans ses copains sous les arcades de la place du Gros-Chêne, Pascal lui a offert un café, le jeune homme a accepté. Passé la porte du cabinet, on entre chez Pascal, dans son univers, c'est lui qui commande, c'est lui qui maîtrise. Les photos en noir et blanc qui couvrent les murs et les tables intriguent le jeune homme. « Viens, je vais te montrer ! » lui intime Pascal.

Pascal pratique le sténopé. Une technique photographique des plus rudimentaires, qui ne nécessite qu'une boîte de métal quelconque, trouée à l'aiguille, et d'une feuille de papier photo. Pas d'appareil photo à proprement parler, pas d'optique ; un simple trou par où passe la lumière, une boîte noire qui enferme cette lumière et un papier sur lequel elle s'imprime. Dans la chambre noire, à l'arrière du local, Pascal trempe la photo dans un bac de liquide, puis un autre, puis un autre. Lentement, l'image apparaît et se révèle à la lumière rouge, qui seule est autorisée dans l'obscurité de la pièce. « Tu aurais vu les yeux d'Aziz quand sa photo est lentement apparue. Ce n'était plus un dealer, c'était un enfant ! », se souvient Pascal. Depuis, Aziz est un visiteur régulier du cabinet. Le jeune homme a cessé de dealer, et, grâce à Pascal, il a dégoté une formation de carreleur chez les compagnons bâtisseurs. « On continue de faire des photos ensemble », raconte Pascal.

Pascal s'accommode du deal qui se fait devant chez lui. Ou plutôt, il le subit car il sait qu'il ne peut rien y faire. « Quand les gens veulent rentrer ici, ils doivent passer à travers une dizaine de bonshommes complètement éclatés qui leur demandent tous les trois secondes “T'as besoin de quelque chose ?” C'est insupportable ! » Alors Pascal s'efforce de maintenir les groupes de dealers à quelques mètres de sa porte et de leur imposer un minimum de propreté. Régulièrement, il leur demande de ranger les cadavres de leurs bouteilles et de leurs canettes de bière qui traînent. « Ils savent qu'il ne faut pas me faire chier », lâche-t-il. Le passé carcéral de Pascal lui assure une certaine réputation parmi les petits voyous. « Pour eux, c'est le plus beau des diplômes. Je les entends, quand ils ont fait dix-huit mois, ils crânent et le répètent à qui veut l'entendre. »

Pascal connaît bien le patron d'un des réseaux qui gère le trafic du Gros-Chêne. Un ancien, âgé d'une cinquantaine d'années, me dit-il. Qui est-ce ? Je ne le saurai pas. « Je ne donne pas de nom, c'est comme ça. J'ai gardé mon instinct de voyou, tu vois. Je ne balance pas de nom », me dit-il. Pascal et lui se sont connus en prison, à Bois-d'Arcy, il y a une vingtaine d'années. « Je l'ai retrouvé ici, c'est drôle, le monde est petit, sourit Pascal. Une fois, on a eu une altercation tous les deux. Il était sur la place, sur son gros scooter. J'étais sorti pour gueuler sur les jeunes qui foutaient la merde devant le local, il est intervenu pour me demander de me calmer. Je n'ai pas aimé », jure Pascal. Sous l'apparence douce et frêle de ce petit monsieur, se réveille parfois l'ancien violent qui passait son temps à se bagarrer. « On s'est expliqué, vu notre histoire commune, on ne pouvait pas se taper dessus. Depuis, il leur a demandé de mettre un carton pour jeter leurs bouteilles. Ce n'est pas parfait, mais c'est mieux. »

Ici le trafic est tenu par les Antillais, Guadeloupéens et Guyanais. « Les Guyanais, ce sont des rigolos. Ceux qui tiennent le gros du trafic, ce sont les Guadeloupéens », me précise Pascal. En quelques années, l'offre s'est considérablement étendue dans le quartier. Il y a encore dix ans, on ne trouvait que du cannabis ici, le trafic était tenu par les Marocains. Désormais, on trouve de tout, notamment de la cocaïne et de l'héroïne, qui débarque ici après avoir transité par l'aéroport d'Orly. « Avant, le matos venait du Blosne, un autre quartier de l'agglomération rennaise, maintenant elle arrive directement ici, m'explique un policier du secteur. On sait que les vols Cayenne-Orly sont remplis de "blanche", or, on a beaucoup de Guyanais ici… » À la différence d'autres cités françaises où le deal est tenu par un seul et même gang, au Gros-Chêne, le trafic est parcellaire : les « terrains » sont petits et se font face, parfois espacés d'une dizaine de mètres, ou d'un simple trottoir de rue. La cohabitation ne se passe pas trop mal, c'est plutôt avec les quartiers voisins, comme Villejean, que la situation s'envenime parfois. « Les Antillais, ils gardent leur coupe-coupe dans leurs voitures, je les ai vus ! », raconte Pascal.

Certains vendent sur la place, d'autres dans les halls des tours de la rue Brno. Mais le gros du deal de Maurepas se fait derrière le Cabinet Photographique, de l'autre côté de la « Banane », rue de Marbaudais. Là, un guetteur attend patiemment police et clients, enfoncé sur une chaise de camping. Sur son vélo, le charbonneur se pointe quand arrivent les clients, la transaction se fait à l'abri des regards, sous les arbres. Cet après-midi, je reconnais Gabriel* dans le fauteuil pliant. Je l'ai rencontré il y a quelques semaines, lors de ma précédente visite avec Sarah, une éducatrice de rue dont le travail est d'accompagner ces jeunes loin de toutes les structures. Gabriel me reconnaît. D'abord réticent, il me laisse m'asseoir avec lui. À ses pieds, un jeune molosse ronge sa laisse. « C'est encore un bébé, elle n'a que 6 mois », m'explique-t-il. Il la garde pour son copain parti voilà une heure régler une affaire. Gabriel est méfiant, il refuse catégoriquement de prononcer la moindre phrase qui sous-entendrait qu'il est lui-même impliqué dans le deal. « Du coup, tu es assis sur cette chaise, à cinq mètres d'un point de vente de drogue, simplement pour prendre le soleil ? », lui demandé-je. « On est en démocratie, on a le droit de s'asseoir où on veut non ? », me répond-il malicieusement.

Gabriel est Guadeloupéen. Il est venu à Maurepas à l'âge de douze ans accompagné de son petit frère pour habiter chez sa tante. Il n'est pas le seul à être hébergé chez elle, une autre cousine vit aussi avec eux. « C'est un grand classique, m'explique un peu plus tard Arnaud. On envoie les enfants pour l'école et pour les soins. » Sauf que l'école que Gabriel a fréquentée est plutôt buissonnière. Il a désormais dix-sept ans, et aucune perspective scolaire ou professionnelle, ce qui ne l'empêche pas d'arborer de magnifiques chaussures Nike « TN », un modèle particulièrement prisé des jeunes d'ici et des autres quartiers. « Je me débrouille », se justifie-t-il en souriant.

Les vendeurs que je croise sont très jeunes, guère plus de dix-huit ans. Les plus jeunes doivent en avoir quatorze. Sarah m'explique que nombre de leurs grands frères ont quitté le quartier. « Beaucoup sont partis en prison, beaucoup ont quitté le quartier, dit-elle, ça a créé un appel d'air pour les plus jeunes qui ont pris du grade. » Avec la création des Quartiers de reconquête républicaine, la police a reçu des moyens supplémentaires. Quinze nouveaux fonctionnaires ont débarqué à Rennes, cinq ont été envoyés renforcer les équipes des Stups et la Brigade anticriminalité (la Bac), les dix autres ont été affectés au commissariat de Maurepas. Sur le terrain, cela s'est traduit par une hausse des arrestations au sein des réseaux maurepasiens. Parallèlement, beaucoup de jeunes ont quitté le quartier pour devenir annonceurs-sentinelles à la SNCF. Un métier pénible de sécurisation des nombreux chantiers de modernisation et de réparation des voies ferrées, qui peine à recruter en raison des conditions de travail difficiles (travail debout, dehors, parfois la nuit, et souvent bien loin de chez soi), malgré une rémunération très attractive. Depuis 2015, la Fondation Agir contre l'exclusion (Face) de la ville de Rennes a ciblé les jeunes des quartiers prioritaires pour les former à ces postes. Ils sont près de 200 jeunes issus des quartiers prioritaires de la ville à exercer ce métier aujourd'hui, qui les emmène parfois loin de leurs quartiers d'origine. « On les voit, ils reviennent le week-end, mais la semaine, ils ne sont pas là », explique Sarah.

En nous promenant dans le quartier, nous passons devant l'école. Nous descendons une petite allée. Sur la gauche s'étend l'école maternelle, sur la droite l'école primaire. La ruelle grillagée coupe l'établissement scolaire en deux, mais depuis peu, une grille enferme le passage de chaque côté. Si bien que quand elle est fermée, la petite allée est condamnée. Un panneau explicatif annonce la couleur : le passage sera fermé « en période scolaire », de 10 h 30 à 16 h 15. « Ils ont mis la grille pour empêcher les dealers de zoner ici, m'explique Pascal. Une fois, il y a un p'tit qui a retrouvé un pochon caché dans les buissons. Le problème, c'est que la cantine des deux écoles est de ce côté-ci, dit-elle en pointant le bâtiment de droite. Donc pour les élèves, c'est pas pratique du tout ! » Un peu plus bas, à l'angle de la ruelle et de la rue de Marbaudais qui longe la « banane », nous passons devant quelques guetteurs assemblés. Cette fois-ci, je ne les connais pas, nous passons notre chemin. Pascal soupire. « Pendant le premier confinement, je voyais toujours un petit de huit ans sur son vélo, me dit-il, une fois éloigné. Il avait un petit téléphone, il faisait le guetteur pour les plus grands. En fait, j'ai appris que c'était lui qui avait la came, il rechargeait les vendeurs. C'était malin, car la police n'a jamais pensé à le fouiller. J'ai discuté avec son père ensuite, j'ai compris qu'il était au courant, mais qu'il fermait les yeux. Faut les comprendre, ça rapportait de l'argent. Devant moi, il se dédouanait évidemment, il rejetait la faute sur les acheteurs. »

*

Dans la pénombre de l'arrière-salle du cabinet, Pascal éteint la lumière. Seul son visage est éclairé par sa lampe frontale rouge. Il se concentre, le vieil homme est penché sur le bassin de liquide révélateur dans laquelle trempe une photo. Pascal a absolument tenu à tirer mon portrait sur la place. La photo en noir et blanc est un peu floue, le temps de pose du sténopé est d'une minute trente environ. « Tu vois, c'est ça que j'aime bien avec le sténopé, me dit-il quand nous observons tous les deux le résultat. C'est jamais parfait, un sténopé, on sent la matérialité, l'imperfection, c'est la vie, la vraie, la mienne ! »

Saint-Ouen
Charles-Schmidt

–

Fatima

La vie sur un point de deal

La nuit tombe doucement sur Saint-Ouen. À la lumière blafarde du lampadaire, un scooter ralentit, il descend la rue Charles-Schmidt. Il vient de Paris, qui s'étend à quelques centaines de mètres plus au sud, par-delà le périphérique. Le scooter s'arrête au numéro 26 de la rue, devant une résidence aux premiers abords quelconque, jusqu'à ce qu'on aperçoive les quelques silhouettes encapuchonnées, le visage caché derrière leurs masques chirurgicaux, qui vont et viennent devant l'étroite entrée. Un jeune homme descend du scooter, il enlève son casque, dévoilant une coupe de cheveux soignée et ramenée en arrière. Son blouson de cuir, jeté sur un col roulé sombre, est d'une élégance parfaite. De quel quartier branché vient-il ? Travaille-t-il dans une des entreprises fraîchement installées à Saint-Ouen ? à Clichy ?

Casque au bras, le client passe la rangée de guetteurs en leur adressant un signe de tête entendu, et pénètre dans l'enceinte de la résidence. Là, dans l'étroite cours qui file au pied des trois immeubles, une vingtaine de personnes se collent au mur. Tous sont des clients, qui viennent chercher leur dose, pour la plupart de cannabis, pour certains de cocaïne.

La clientèle de la cité Charles-Schmidt est variée, dans la file d'attente. Hommes et femmes, de toute origine ethnique et de tout âge attendent patiemment leur tour. Le point de vente est situé au troisième bâtiment, celui au fond. Au rez-de-chaussée, le local à poubelles a été forcé, c'est ici que se fait la transaction. Sur les murs, le « Menu » est affiché avec les prix correspondant à chaque produit, ainsi qu'un grand « 24/24 », qui atteste de l'ouverture permanente du point de vente.

Un à un, les clients entrent dans le « four », le hall utilisé pour les transactions. C'est le tour du jeune homme, qui sort de son portefeuille un billet de 50 euros au jeune garçon d'origine maghrébine. Le garçon parle peu, ses indications sont claires, concises, celle d'un commerçant pressé. Le temps c'est de l'argent dit-on, les mots aussi semble-t-il. Le charbonneur se penche pour ramasser une des enveloppes qui jonchent le sol, il en sort un petit sachet de « weed », de cannabis, et rejette derechef le paquet. Si les flics viennent à rappliquer, s'il n'est pas assez rapide, il pourra toujours dire qu'il ne savait pas, que ce n'est pas à lui, que c'est à un autre qui a déjà filé.

*

J'ai rendez-vous avec Fatima, une habitante historique de la résidence. Cette dame y est arrivée en 1976. Je l'avais rencontrée il y a quelques mois, lors d'une marche blanche qui avait suivi la mort de deux jeunes dealers d'une cité voisine, pour un article du *Figaro*. Au téléphone, elle me prévient : « Appelez-moi avant d'arriver, je descendrai pour venir vous chercher, sinon, les p'tits cons d'en bas vont vous emmerder. » Avec ma petite tête bien comme il faut, mon blouson de cuir, lui aussi jeté sur un col roulé, si je ne suis pas un « iencli » – un client – je ne peux être qu'un « condé » – un policier. Pour éviter les emmerdes, mieux vaut être accompagné pour passer le portail solidement gardé de la cité.

Fatima arrive, elle salue une jeune femme qui passe par là. Nous passons le barrage de dealers pour pénétrer dans la résidence et monter chez elle. Fille d'un fonctionnaire algérien, elle est arrivée en France avec ses parents en 1968, quand son père ouvre le consulat d'Algérie à Bobigny. En avril 1976, elle s'installe avec son mari au 26 de la rue Charles-Schmidt. La résidence accueille des familles de toutes les origines, issues de la classe moyenne. Il y a des Français, des Algériens, des Espagnols, des Portugais. « La vie était belle », se remémore Fatima.

Comme dans beaucoup d'autres cités françaises, la drogue est arrivée dans les années 1990. « C'était deux frères, ils habitaient au bâtiment 3, se souvient Fatima. Je ne comprends pas pourquoi il se sont lancés là-dedans, leurs parents étaient des gens bien, travailleurs. Eux sont casés maintenant, ils ont une famille, habitent dans le Sud. Leurs parents sont partis, leur mère en est morte, vous savez. C'est l'inquiétude et l'incompréhension qui l'ont tuée. »

D'abord petit commerce de shit vendu à la sauvette à une clientèle voisine, l'endroit a petit à petit pris de l'importance, jusqu'à devenir le supermarché qu'il est aujourd'hui. Les frères du bâtiments 3 ont laissé la place à des patrons plus ambitieux, la main-d'œuvre s'est étoffée, les procédures se sont musclées. Aujourd'hui, dans le classement d'occupation des halls d'immeubles par les trafiquants établi par le bailleur Seine-Saint-Denis Habitat – accessoirement premier bailleur social du département –, Charles-Schmidt caracole en tête du tableau. « Charles-Schmidt présente les halls les plus difficiles parmi les cités les plus difficiles », résume ainsi son ancien directeur, Patrice Roques. Et pour cause, la cité est l'un des points de vente les plus juteux de la région parisienne. « Charles-Schmidt, c'est entre 20 et 30 000 euros de chiffre d'affaires par jour », explique un policier de la Bac de Saint-Ouen. Le calcul est rapide : entre 600 000 et 900 000 euros par mois, et 7,3 et 11 millions par an…

La résidence ne paie pourtant pas de mine. Et s'il n'y avait pas ces quelques jeunes faussement oisifs traînant devant le portail, on passerait devant sans un regard. Ce tout petit ensemble subsiste entre les boucheries hallals, les kebabs, mais aussi les cavistes et les magasins bios, d'un quartier qui se gentrifie. Depuis quelques années, ce quartier très populaire du nord de Paris attire une population plus aisée, qui fuit les prix du centre-ville, pour s'installer dans de jolis immeubles faubouriens, voire de petites maisonnettes à jardinets. Les prix de l'immobilier ont grimpé en flèche, ils tournent aux alentours de 7 200 euros le mètre carré, mais pour certains appartements, ce prix grimpe jusqu'à 8 700 euros.

Là est tout l'avantage du point de deal. Charles-Schmidt est situé à deux pas de Paris et de sa réserve de clients potentielle. On y accède facilement en transport en commun, puisque le métro s'arrête à moins de cent mètres et que les bus sont nombreux. Par ailleurs, l'endroit est plutôt agréable : la cité est minuscule, trois bâtiments, 113 logements, elle passe presque inaperçue dans ce quartier tranquille. Ici, le bâti alentour est plutôt bas, loin des grandes barres d'immeubles, des dalles surélevées typiques de l'urbanisme des années 1960, que l'imaginaire collectif assimile aux cités de la drogue.

*

Une fois le portail de la résidence passé, le décor change. Dans l'herbe traînent les boîtes jaunes de kebabs ; un peu plus loin, c'est une fiole de whisky premier prix. Devant le hall du bâtiment 3, une chaise a été installée pour un dealer, les ordures jonchent le sol, jusque dans la cage d'escalier où les murs sont recouverts de graffitis et où la peinture s'écaille. Dans un coin, une caméra cylindrique est accrochée au mur. De loin, elle semble intacte, mais quand on s'approche, on remarque que le noir de la boule n'est pas celui du verre, mais celui de la peinture qui la macule. Les trafiquants ne se donnent même plus la peine de casser ce matériel coûteux, un coup de bombe aérosol suffit.

« Comment voulez-vous vivre dans un taudis pareil ? me demande Fatima qui me fait visiter les lieux. Rien ne fonctionne, les trafiquants cassent tout, s'exclame-t-elle. Ils ont réparé l'ascenseur au bâtiment 2, une semaine plus tard, il était à nouveau en panne. Vous imaginez, pour les gens qui habitent au dixième étage ! » Au quatrième étage, Nejma, une maman de la résidence, se joint à la conversation. Elle acquiesce à chaque vitupération de Fatima.

« Tu te rappelles, au mois de mai, quand on n'avait plus d'eau chaude? lui demande-t-elle. Je faisais chauffer des casseroles pour laver mes enfants. »

Pour ces familles, le pire reste cependant la présence des dealers. « Ils vont et viennent dans les escaliers, parlent fort, mangent à l'intérieur... », énumère Nejma. Mais au-delà de ces nuisances, c'est le sentiment de dépossession qui scandalise le plus les deux femmes. « Vous avez vu, en bas? Vous avez vu le tag sur le mur? "GBG c'est chez nous", il y a marqué! "Chez nous"? Vraiment? Qui paie le loyer ici, qui paie les charges? » GBG est l'acronyme du surnom de la résidence : « Garibagdad », contraction éloquente de « Garibaldi » – le métro voisin – et « Bagdad », la capitale irakienne associée au non-droit, que les dealers revendiquent imposer ici.

Pour ces jeunes gens, guère plus âgés d'une vingtaine d'années, les patrons ici, ce sont eux. Ils gèrent la résidence comme on gère un supermarché. Ici le client est roi, bien traité, la cadence de vente doit être rapide, le chiffre d'affaires au rendez-vous. Comme un supermarché a son service de sécurité, Charles-Schmidt a ses guetteurs. Les jeunes garçons fouillent les visiteurs et filtrent les entrées. Déclinant ma profession de journaliste au plus dégourdi des dealers postés à l'entrée, je m'étais ainsi vu refuser le passage. « Tu sais quoi, c'est compliqué pour toi de rentrer, ça va faire des histoires. Vaut mieux que tu te casses », m'avait glissé le jeune homme planté devant la grille, le visage caché derrière son masque chirurgical.

Pour reconquérir leur cité, les habitants se sont organisés. « On a un groupe WhatsApp avec les habitants de bâtiment », m'explique Fatima, dont l'immeuble – le plus proche de la rue – est le plus épargné par le deal. « Régulièrement, on descend pour les mettre dehors. Moi, je n'ai pas peur, s'emporte la septuagénaire. Même à 23 heures je descends. En pyjama, en chaussons, je m'en fiche : je descends ! » Elle sort son portable, et fait défiler les vidéos sur son écran. « Ah ! La voilà, s'exclame-t-elle. C'est une dame d'ici qui a filmé. Vous allez voir comment on s'y prend ici ! Ça rigole pas ! » m'assure-t-elle d'un air grave.

Ce soir d'octobre, le téléphone de Fatima avait vibré. « Ils sont en bas », s'affiche sur l'écran. Fatima vitupère, elle se lève de son fauteuil et attrape son foulard qu'elle noue sur sa tête. Il est 22 heures, la septuagénaire est en robe de chambre, elle a chaussé ses pantoufles. Elle bondit vers sa porte et descend les étages les uns après les autres, elle frappe sans ménagement à chaque porte de l'immeuble. Fatima rassemble autour d'elle une petite cohorte de femmes, tirées de leur foyer, emmitouflées dans leurs manteaux par-dessus leurs pyjamas. La petite troupe dévale les escaliers jusqu'au rez-de-chaussée, où un adolescent timide est adossé au mur. « Vous sortez d'ici, s'il vous plaît », commence sans élever la voix Fatima, qui a appris qu'il valait mieux ne pas s'énerver. Le garçon ne répond pas. « Il ne parlait pas français », commente plus tard Fatima.

L'agitation attire deux jeunes hommes. L'un d'eux dissimule son visage derrière une cagoule trois-trous, digne d'un film de gangsters, ils veulent entrer dans le hall. Épaule contre épaule dans l'embrasure de la porte, les femmes bloquent le passage des deux hommes, bien gênés de voir débarquer cette troupe de bonnes femmes au beau milieu de leurs affaires. Mais eux ont des consignes, et rien ne doit entraver le business ; ils insistent pour passer, argumentent en français, puis en arabe, rien n'y fait.

La conversation se tend peu à peu devant l'insistance des dealers, bien décidés à vendre leur came dans le hall, un espace qu'ils considèrent comme leur. « Vous ne rentrez pas ! » répète énergiquement Fatima. « Vous habitez ici ? » demande une autre voisine, faussement naïve. D'autres dealers débarquent, attirés par le bruit, ils sont maintenant cinq ou six devant le bâtiment. Derrière, au pied de l'escalier, l'adolescent posté là assiste à la scène, silencieux.

Les femmes commencent à s'énerver, le ton monte et l'une d'entre elles perd patience : « Allez, c'est terminé maintenant, il faut sortir. Lui, il sort, *yallah* ! » s'écrie-t-elle, en pointant le jeune migrant penaud dans son coin de hall.

De l'autre côté, les dealers jouent les garçons bien élevés. « Madame, on ne fait pas de bruit, il n'y a pas de dérangement », essaient-ils.

« Comment ça, pas de bruit ? s'exclame une femme, en agitant la main. Vous sortez d'ici, un point c'est tout. On a nos enfants ici, on n'est pas d'accord !

– On est chez nous, ajoute une autre, vous n'allez pas faire votre loi ici. »

Lentement, les dealers refluent. Mais quand l'un d'eux s'aperçoit que l'une des femmes filme la scène, la situation se tend un peu plus. « Pourquoi elle filme, elle ? » s'exclame-t-il, en s'approchant d'un pas vif.

« Tu vas faire quoi avec la vidéo ? reprend-t-il, agressif. Moi je vous respecte, alors respectez moi.

– Vous ne me respectez pas ! lui balance la femme qui maintient levé son téléphone. Vous vendez de la drogue chez moi. Mon enfant est venu me dire “Maman, il y a des gens qui vendent de la drogue en bas.” Et vous osez dire que vous me respectez ?

– Si on me voit dans la vidéo, vous verrez, vitupère le jeune homme, cagoulé sous sa casquette. »

Une dame s'interpose, mais le jeune homme menace : « Je sais qui filme, je dis juste : “Attention à sa tête” ! » Finalement, l'altercation prend fin quand un dealer sonne la fin de la partie : « C'est bon, on s'en va, désolé du dérangement », lance-t-il en s'éloignant.

Pourtant, les interventions de police sont fréquentes. « On y interpelle une personne par jour quasiment », avance un policier. Mais s'attaquer à Charles-Schmidt a quelque chose du supplice de Sisyphe : « Le rocher que vous montez chaque jour en haut de la montagne redescend chaque nuit », explique le fonctionnaire. Il précise : « Les jeunes se débrouillent pour n'avoir que des petites quantités sur eux, ce qui implique de se recharger régulièrement. Résultat, quand on les interpelle, ils n'ont que 30 ou 40 grammes. Pour la Seine-Saint-Denis, ce n'est rien, alors on les relâche. »

Voir les trafiquants arrêtés revenir à leur poste dès le lendemain entame sérieusement la confiance de Fatima en la police et en la justice. « Manifestement, nous n'avons pas les mêmes lois qu'ailleurs », se désole-t-elle. Mais Fatima ne se décourage pas, elle n'hésite pas à décrocher son téléphone pour appeler la police, contrairement à nombre de ses voisins, découragés par l'impuissance des forces de l'ordre, et, parfois, paralysés par la peur. Nejma en fait partie et le reconnaît volontiers. « Comment voulez-vous qu'on appelle la police? On sait qu'ils reviendront le lendemain, imaginez qu'ils l'apprennent. Moi, j'ai des enfants, je suis désolée, mais je ne prends pas ce risque, tant pis. » Sur le palier du quatrième étage de l'immeuble, Fatima secoue la tête de désapprobation. « Mais il faut bien que quelqu'un s'en charge! Qui alors? Moi? Parce que mes enfants sont partis, il faut que ce soit moi qui prenne les risques? » « Je suis désolée, moi, je n'appelle pas la police, c'est tout », répond seulement la jeune maman.

Depuis quelques années, le profil des dealers a changé. La plupart d'entre eux ne sont désormais plus français, ce sont de jeunes garçons fraîchement arrivés d'Afrique du Nord. « On l'entend tout de suite, je peux même vous dire d'où ils viennent au Maroc en fonction de leur accent », m'explique Hassan. Cette main-d'œuvre est payée jusqu'à deux fois moins que les guetteurs français; une aubaine pour ces réseaux, qui, comme toute entreprise, cherchent à réduire leurs coûts de fonctionnement pour augmenter leurs marges. « Ils n'ont rien à perdre, sont prêts à tout, et surtout, sont totalement dépendants de leurs employeurs qui représentent leur seule source de revenus, explique un policier de la ville. Pour eux, pas de famille à gérer, pas de risque qu'ils se tournent vers la police, ils sont totalement assujettis aux gérants. »

Pour les habitants, ces jeunes, parfois mineurs, représentent une difficulté supplémentaire. Ils vont, viennent, changent et tournent au rythme d'impératifs inconnus. Issus de familles très pauvres de l'autre côté de la Méditerranée, leur monde n'est pas celui des habitants d'ici, leurs habitudes non plus, pour le plus grand malheur des habitants. « Ils se comportent comme au bled ! rouspète Zeineb, une maman croisée avec Fatima, un soir, entre deux étages. Ils balancent tout par terre. Résultat, c'est une porcherie. » Avec ces jeunes, le dialogue est quasiment impossible, nombre d'entre eux ne parlent pas français, ou alors quelques mots. « Moi, encore, je peux leur parler en arabe, avance Fatima, mais pour ceux qui ne peuvent pas, il n'y a absolument plus de moyen de communiquer ! »

Ce sont les quelques Français qui gèrent le business sur place qui assurent la communication avec les habitants. Un après-midi de septembre, je parviens à arracher quelques mots à l'un d'eux. Devant la résidence, je demande à l'adolescent qui tient le mur si je peux lui poser quelques questions. Je me présente, je suis journaliste, je m'intéresse à la cité, aux rapports entre les jeunes et les habitants. Le jeune garçon me regarde étrangement, à vrai dire, je ne sais pas s'il me comprend. Il doit probablement être l'un de ces jeunes mineurs isolés, fraîchement arrivés en France. Il me demande d'attendre, sort un vieux portable 33/10. Quelques minutes plus tard, un grand jeune homme élancé déboule d'un pas vif et assuré. « Bon alors, qu'est-ce que tu veux, le journaliste ? » Je réponds poliment : leur travail, les habitants, la gêne occasionnée, les plaintes...

Bilal se retourne vers un vieillard qui passe le portail. « Farid ! Ça se passe bien ici avec les résidents, on est d'accord ? » Farid répond un « oui » mal assuré en pressant le pas. Le dealer se retourne vers moi, il ne veut pas dire quel rôle il occupe dans le trafic, mais poursuit : « Les habitants font les malins devant les journalistes, mais ça se passe très bien ici. On fait attention, on nettoie, on aide à monter les courses... », assure-t-il, manifestement âgé d'une vingtaine d'années. « On a été bien élevés par nos mères, on fait simplement nos affaires, sans déranger. » Son ton est celui de quelqu'un d'habitué, presque rodé à l'exercice de communication publique. Il est manifestement l'un de ceux qui assurent un semblant de discussion avec les habitants, pour assurer un minimum de paix sociale, indispensable au business.

Dans le hall du bâtiment 3, les murs témoignent de cette attention portée aux relations de voisinage. Des injonctions au silence couvrent le mur de l'escalier et un smiley le doigt sur la bouche illustre la consigne. Un peu plus haut, ce sont les gestes barrières qui sont rappelés aux consommateurs qui patientent pour récupérer leurs cames : « Corona ! Distance de sécurité : un mètre », intiment les grosses lettres rouges et vertes. À Charles-Schmidt, les dealers savent que le business s'accommode mieux de bonnes relations de voisinage. Hamza, qui réside au bâtiment 3, le plus occupé par les dealers, le concède. « Ils sont polis, ils s'excusent, reconnaît-il. Mais ça ne change rien au problème. » À défaut de pouvoir les chasser de la résidence, les habitants ont appris à composer avec cette réalité. En 2020, un article du *Parisien* mentionnait même un « pacte », passé entre dealers et habitants[1]. « C'est faux, il n'y a jamais eu de pacte avec les dealers, tranche Hamza. Mais on discute avec eux, on leur demande de faire moins de bruit, et c'est déjà arrivé qu'on leur donne des sacs poubelle pour qu'ils nettoient. »

1. « À Saint-Ouen, dealers et habitants passent un "pacte" pour une vie plus tranquille », 19 juillet 2020, *Le Parisien*.

À la terrasse d'un café voisin, ce quadragénaire, arrivé de Tunisie il y a quelques années, ne veut pas baisser les bras. « J'essaie de discuter avec eux, de comprendre, de leur expliquer qu'ils nous pourrissent la vie, mais surtout qu'ils se pourrissent la leur ! Certains n'ont même pas l'âge de passer leur bac ! se désole-t-il. Au fond, la plupart d'entre eux ne sont pas des mauvaises personnes, ce sont ceux au-dessus qui sont les vrais criminels. » Au-dessus, ce sont les « gérants », le plus souvent invisibles, ils passent de temps à autre pour vérifier que tout se passe bien, et rendent des comptes au « patron », tout en haut de la pyramide. Le patron n'est jamais visible, jamais présent, il gère le réseau comme une entreprise, ses liens avec les grossistes, les transporteurs…

*

Dans le salon de Fatima, une vieille photo, un peu jaunie par le temps, trône encore sur la commode. Deux enfants jouent dans la cour en bas de l'immeuble. Je la regarde, Fatima le remarque. « Aujourd'hui, plus aucun parent ne laisse ses enfants traîner en bas, c'est terminé. » Depuis 1974, la résidence a bien changé. En fait, quand bien même les bâtiments sont trait pour trait identiques, on peine à reconnaître la résidence cinquante ans après.

À bien y regarder, il n'y a pas sur la photo ce mur vert, froid, qui enserre la cour de la résidence. « Bien sûr que non, me répond Fatima, quand je lui pose la question. Le mur date de 2014, quelque chose comme ça. C'est le bailleur qui l'a installé pour empêcher les p'tits cons de fuir par le Garibaldien. » Le Garibaldien, c'est la résidence privée qui jouxte Charles-Schmidt. Dans le pâté de maison en triangle, qu'enserrent les rues Charles-Schmidt et Gabriel-Péri, Charles-Schmit et le Garibaldien se tournent le dos, l'une tournée vers la rue éponyme, l'autre vers Gabriel-Péri. Autrefois, les deux résidences communiquaient, permettant aux habitants de passer d'une rue à l'autre sans difficulté. Depuis l'installation de ce mur de métal, Charles-Schmidt est un cul-de-sac. Un piège censé enfermer les trafiquants quand la police intervient et bloque l'unique entrée restante. En pratique, le mur n'a rien changé. Les dealers ont placé de larges poubelles devant, en guise de marchepied. Quand la police vient à intervenir, les agiles guetteurs n'ont qu'à sauter d'une enjambée sur la poubelle pour ensuite passer facilement de l'autre côté et semer la police. « Les policiers sont moins agiles, fait remarquer Hamza. Le mur bloque plus les policiers que les dealers… »

À l'entrée de la cité, Bilal, le jeune dealer, semble bien d'accord. Quand je l'interroge sur les travaux effectués par le bailleur, il tique, l'air énervé. « Ils font ce qu'ils veulent, nous, on fait nos affaires, ce ne sont pas leurs trois murs qui vont nous en empêcher », m'explique-il avant de me congédier.

Depuis quelques mois, la crèche qui jouxte la cité a décidé de remplacer sa grille par un mur opaque, afin d'empêcher les dealers de jeter à travers les barreaux leurs produits lors des opérations de police. Le long de la grille, dans les buissons du jardin de l'établissement, il n'était plus rare de trouver un sac contenant quelques doses de cocaïne ou de cannabis. Depuis les travaux récents, plus question de glisser discrètement la marchandise dans l'espoir de la récupérer une fois la police partie. « C'est une bonne chose pour la crèche, constate Fatima. Mais pas pour nous. Maintenant, on est cerné de murs. On se croirait à Fleury-Mérogis ! »

Quand il était encore président du bailleur propriétaire des lieux, Seine-Saint-Denis Habitat, Patrice Roques assumait tout à fait cet enfermement, qu'il déplorait. Loin de la langue de bois et des discours habituels sur les bienfaits de la rénovation urbaine, auxquels je m'attendais, il n'élude ni les difficultés de l'endroit, ni la dureté des solutions adoptées par son organisme. « La réhabilitation devra passer par une forme de "bunkerisation". Ce n'est pas ce qu'on fait habituellement, se désolait-il, mais le premier impératif est la reconquête de la tranquillité. »

Au mois de juin, le bailleur décide d'engager une entreprise de sécurité privée pour assurer cette reconquête. Un beau jour, ce sont une vingtaine de Tchétchènes qui débarquent, garent leurs voitures dans l'enceinte de la résidence, délogent les dealers du portail d'entrée. Le soir, les maîtres-chiens font des tours.

« La première semaine, on n'a plus vu les dealers, se souvient Hamza. Mais dès la deuxième semaine ils sont revenus, timidement d'abord, puis de plus en plus. Forcément, les Tchétchènes ne pouvaient pas contrôler tous les endroits. Et puis, ce ne sont pas des policiers, ils ne peuvent pas fouiller les gens, ou intervenir s'il n'y a pas de dégradation manifeste du matériel. » L'expérience est peu concluante, cinq semaines plus tard elle se termine, et Charles-Schmidt retrouve son quotidien au rythme des dealers.

*

Depuis près de deux ans, les habitants de Charles-Schmidt sont prisonniers d'une sanglante guerre de territoires. Saint-Ouen est une plaque tournante du trafic de drogue, et les chiffres de ventes faramineux des « fours » attisent les convoitises. Ici, comme ailleurs en Seine-Saint-Denis, les plus gros points de deal dépassent parfois les 10 millions d'euros de chiffre d'affaires annuel. De quoi attirer les rivalités entre les gangs, pour qui les cités sont des terrains de ventes auxquels correspondent une masse de clients potentiels.

Mais ce qui a enflammé la ville, c'est la vaste opération de rénovation urbaine à l'œuvre dans la cité des Boute-en-Train. Cette cité insalubre aux allures de forteresse est accolée au périphérique parisien, en plein cœur du marché aux puces de Saint-Ouen. L'endroit brasse un chiffre d'affaires colossal. Là-bas, on l'appelle la cité du million, pour le million d'euros qu'elle amasse chaque année. « Les grandes années, les ventes pouvaient monter à 80 000 euros les jours de week-end », appuie un policier de la brigade anticriminalité de la ville.

Seulement, les « Boutes » sont condamnées à la destruction. Le projet était dans les cartons depuis plusieurs années, il a été officialisé le 10 mai 2021 par décret préfectoral. Pour le réseau qui tenait la cité, cette décision est tombée comme une condamnation à mort : sans terrain, plus de vente. Il a donc fallu trouver un autre terrain. Le choix s'est porté sur le plus proche, Charles-Schmidt. L'endroit présente les mêmes avantages que les Boute-en-Train : sa proximité avec Paris lui assure un bassin de clientèle important et régulier.

Pendant des années, Charles-Schmidt a été contrôlé par « Cyborg », Mohamed Gacem de son vrai nom, un enfant de la ville, dont le parcours criminel est ancien. À quatorze ans déjà, il frayait avec ses frères dans les stup'. À trente-cinq ans, le colosse gérait le « super-four » de Charles-Schmidt et les millions que la résidence crachait. Seulement, le 24 août 2019, par une belle soirée d'été, Cyborg est fauché par une rafale de kalachnikov dans un parking souterrain, rue des Ouvrières-Pivereuses à Aubervilliers. Son véhicule a été suivi, ses ennemis ont posé une balise sur sa voiture, et quand il s'engouffre dans le parking, les tueurs passent à l'action, les coups de feu claquent dans l'air frais du soir, Cyborg meurt sur le coup, son passager s'en sort avec une balle dans le mollet. La Mercedes noire sort doucement du parking ; elle sera retrouvée brûlée une demi-heure plus tard à Argenteuil, dans le Val-d'Oise.

Une semaine après l'assassinat, Charles-Schmidt passe aux mains de « Malsain », qui, à trente et un ans, est le patron des Boute-en-Train. Après ce coup magistral, Malsain s'enfuit, il se sait premier sur la liste des suspects. Il quitte la France pour le Maroc, d'où il continue encore aujourd'hui à gérer ses affaires, de loin. Depuis, Malsain s'est lancé dans la production de rap, une activité dont la police soupçonne qu'elle cache un blanchiment d'argent de ses revenus de la drogue.

La mort de Mohamed Gacem a porté un coup quasiment fatal au clan qu'il dirigeait. Le réseau se maintient en vie, mais peine à faire rentrer de l'argent. Le chiffre d'affaires de la dernière cité qu'il contrôle, la cité du 8-mai-1945, a considérablement baissé, mais un jour de février 2021, le clan parvient toutefois à reprendre *manu militari* Charles-Schmidt des mains de Malsain.

La victoire n'est que de courte durée. Quelques jours plus tard, le 28 février, Malsain lance une grande offensive depuis le Maroc sur Charles-Schmidt, pour reconquérir le territoire perdu. Ce matin-là, une patrouille de la BAC interpelle deux individus dans leurs véhicules à l'angle de la cité. Arnaud* fait partie de la patrouille, l'opération est une banale opération de routine pour les fonctionnaires, jusqu'à ce qu'ils aperçoivent, déboulant d'une rue adjacente, une trentaine de jeunes. Les gamins ne dépassent pas la vingtaine, ils sont tous armés : battes de baseball, clubs de golf, couteaux... Les assaillants foncent vers Charles-Schmidt, où les guetteurs se mettent à crier. « C'était absolument lunaire. Ils n'avaient même pas envoyé d'éclaireurs pour s'assurer que la voie était libre, qu'il n'y avait pas de policiers dans les parages », raconte Arnaud. Derrière, deux motos suivent le cortège à faible allure, leurs passagers lancent des encouragements. « On les a tout de suite reconnus, ajoute le policier, c'étaient les gérants des "Boutes" qui se la jouaient généraux façon Premier Empire. Ils étaient sur leurs motos à diriger leurs troupes pour reconquérir un territoire tombé aux mains de l'ennemi. »

En quelques instants, les attaquants fondent sur les dealers. Certains détalent, d'autres font face, les coups pleuvent jusqu'à ce que la patrouille de police intervienne. L'affrontement n'a duré que quelques instants, mais deux guetteurs sont blessés, les autres ont détalé. Charles-Schmidt est à nouveau aux mains de Malsain et de la bande des « Boutes ». Le lendemain, un nouveau graffiti apparaît sur les murs de la résidence : le fameux « GBD, c'est chez nous », face auquel s'insurgeaient Fatima et sa voisine Nejma. Le clan des Boute-en-Train marque son territoire.

Les Boute-en-Train ont été précurseurs dans l'exploitation de mineurs étrangers dans leurs trafics. La cité, située sur le périphérique parisien, est proche des camps de migrants successifs qui se sont installés sur les portes Nord de la capitale ; un réservoir de main-d'œuvre particulièrement bon marché, disponible en grand nombre et prête à tout. « Pour cinquante balles, ils te plantent quelqu'un, juge Arnaud. Faites le calcul. Pour 1 500 euros, vous avez une armée de 30 personnes. »

Si un guetteur classique est habituellement payé 100 euros la demi-journée, eux ne coûtent que la moitié, ce qui explique leur nombre étonnamment important sur le point de deal. Lors de mes dernières visites, en octobre 2021, la résidence est une véritable forteresse : une dizaine de jeunes tiennent la porte principale, renforcée par des barrières de chantier vertes et grises. De l'autre côté de la cité, par-delà le long mur de métal vert qui bloque le passage vers les résidences attenantes, deux autres guetteurs scrutent les allers et venues, plus inquiets par l'arrivée d'une bande rivale que par celle, quotidienne, d'une patrouille de police.

« On arrive à suivre les périodes de tensions et d'accalmie entre les dealers et leurs rivaux », m'explique Mohammed, un habitant du bâtiment 2. Sur son téléphone, il me montre une série de photos prises la veille depuis son balcon, et une autre depuis l'entrée du bâtiment. Dans la cour de la résidence, les jeunes ont dressé des barricades de fortune avec les grosses poubelles communes, des barrières de chantier et globalement tout ce qui leur est tombé sous la main. « On n'a jamais vu autant de jeunes dans la résidence. Ce matin, ils étaient sept ou huit, ils étaient énervés, ils criaient sur les passants, alors que l'activité est limitée à ces heures-là. D'habitude, ils ne sont que deux petits à moitié endormis. »

En 2021, les exécutions ont continué, signe que la guerre entre les gangs n'est pas terminée et que les anciens patrons de Charles-Schmidt n'ont pas abandonné l'idée de récupérer leur terrain. Le 25 avril 2021, Tidjani Walid K., un proche de Cyborg, était abattu sur le parking d'un fast-food d'Argenteuil. Son corps sans vie a été retrouvé par la police peu avant une heure du matin dans sa voiture, touché au dos, à l'épaule et à la fesse gauche.

Quelques semaines plus tard, le 5 juillet 2021, un homme était arrêté à Aubervilliers par la police à la suite d'un renseignement anonyme. Dans son coffre, les forces de l'ordre découvrent cachée, dans un sac de croquettes, une Zastava M70, une kalachnikov yougoslave, un modèle particulièrement courant dans les milieux du crime français depuis les années 1990 et la guerre des Balkans. Selon le GPS récupéré par les enquêteurs, l'homme était en route pour le 19e arrondissement de Paris, et le point de livraison était situé à proximité de domiciles et des magasins gérés par la famille de Mohamed Gacem, « Cyborg ». Pour l'heure, ses liens avec le clan de Cyborg ne sont pas établis, mais, comme le soulignera le procureur durant son procès, « ces éléments ne peuvent pas être ignorés ».

*

Dans son appartement du bâtiment 1, Fatima semble dépassée par ces récits de gangsters qui n'ont rien à envier aux fictions les plus terribles. « Et nous, on est coincés entre tout ça », soupire-t-elle, en rangeant les tasses de café. « Vous imaginez ? Mon petit-fils qui vient me rendre visite, si un jour il se prend une balle perdue ? Vous imaginez ? » Certes, les coups de feu aux abords de la cité ne sont pas fréquents, mais Fatima, Nejma et Hamza ont déjà tous trois entendu le claquement des balles. « Le problème, c'est que la plupart des jeunes ne sont pas des professionnels du tir. Ce qu'on craint, c'est une balle perdue », me glisse un policier de la ville.

Depuis le mois de juin 2020, plusieurs habitants ont décidé de se réunir pour former une amicale. « Une amicale contre l'un des gangs les plus violents d'Île-de-France, ça peut paraître un peu sous-calibré », plaisante Hamza qui a participé à sa création. À l'origine de cette initiative, il y a la même colère, la même fatigue. « On a décidé de ne pas baisser les bras », justifie seulement le père de famille.

Au sein de la structure, ils sont plusieurs dizaines, parmi lesquels Fatima, dont l'énergie débordante a trouvé dans l'amicale l'occasion de canaliser sa colère. Depuis le mois de septembre 2021, cette association de loi 1901 dispose même d'un local, un ancien débarras du bâtiment 2, aujourd'hui remis à neuf par le bailleur. La vaste salle n'est pas encore bien achalandée, mais quelques tables permettent déjà de s'y réunir. Sur les murs fraîchement repeints, Fatima a accroché des cadres, les siens, ceux dont elle n'a plus usage. Elle est très satisfaite de la tournure que prend l'endroit. « Il reste encore beaucoup de choses à ajouter, il y aura un frigidaire et peut-être même une machine à café ! »

Face aux dealers, l'amicale veut occuper l'espace. « Cet endroit, c'est chez nous, alors il faut se comporter comme tels », explique Fatima. Fin septembre 2021, l'amicale a organisé un atelier de réparation de vélos dans la cour, quelques mois plus tôt, c'était un atelier de jardinage, et durant l'été, elle a organisé des déjeuners de voisins. L'association entend bien continuer, et développer de nouvelles activités. « On sait bien que ce n'est pas ça qui va chasser le deal, reconnaît Hamza quand il me liste les idées qui ont été partagées lors de la dernière réunion. Mais au moins, on ne baisse pas les bras, et ça permet de mobiliser les autres habitants. »

Car dans l'idée de ses membres, aux premiers rangs desquels Hamza et Fatima, il s'agit avant tout de mobiliser les habitants contre les dealers, mais aussi pour contraindre le bailleur et la mairie à se mouiller. Ses représentants sont reçus de temps en temps chez l'un et chez l'autre. Pas assez pour plusieurs de ses membres, qui se plaignent du manque de considérations de la part des autorités publiques. Régulièrement, l'association rédige de long courriels, agrémentés de photos, pour attirer l'attention des autorités sur leur triste sort. La liste des destinataires est longue, on y retrouve des élus de la ville, du département, de la région, de l'Assemblée nationale, des salariés de Seine-Saint-Denis Habitat, des fonctionnaires du ministère de l'Intérieur.

« On sait bien qu'on les emmerde, explique Hamza. On me l'a dit à la mairie : "Fais attention, tu vas énerver les gens à devenir trop insistant." Le problème, c'est qu'on les gêne, ils préféreraient qu'on ne se plaigne pas pour pouvoir détourner le regard. »

Arnaud partage l'avis de Hamza. Ce « Baceu » a pas mal d'années de police dans les pattes, et la situation de Charles-Schmidt le désespère. « Et ça ne risque pas de s'améliorer, explique-t-il. Si les Boute-en-Train sont détruites, une partie de son trafic va mécaniquement se déporter ici. Les habitants ne sont pas sortis d'affaire ! » Le bonhomme est en colère. Vrai homme de terrain, il s'indigne de la lenteur politique. « C'est avant tout une question de volonté, tonne-t-il. On a les effectifs, on a les moyens, il faut simplement décider de les utiliser ici, pour aider ces gens. » Le policier en veut pour exemple le démantèlement récent d'un autre gros point de deal audonien, celui de la rue Michelet, dans le centre de la ville. « Une grosse enquête a été menée pour faire sauter les têtes de réseau. Et pour empêcher le point de se reconstituer, on a posté jours et nuits pendant trois mois des camions de collègues sur place. Aujourd'hui, c'est *clean*, et franchement, ma main à couper que le prix de l'immobilier va doubler en trois mois ! » Sauf que la rue Michelet est située dans un quartier bien particulier de la ville, tout proche du futur siège de la Direction générale du renseignement extérieur (DGSI). « Évidemment, ça la ficherait mal d'entendre un concert d'“Artena” au passage des officiels. Alors ils l'ont démantelé. Mais Charles-Schmidt, c'est sur le passage de personne. Alors on s'en fiche », dit-il.

Grigny
Grigny 2

—

Djibril

Quartier, collège, bande

Il faut trente-neuf minutes pour rejoindre Grigny depuis Paris, suffisamment pour s'endormir, bercé par le doux roulement du train. Aux heures de pointe, le matin pour aller à Paris, en fin d'après-midi pour revenir, les wagons sont bondés. Le reste du temps, la rame est plutôt calme. Le RER suit la Seine, qu'on aperçoit de temps à autre. Les stations défilent : Créteil, Villeneuve-Saint-Georges, Vigneux-sur-Seine, Juvisy, Viry-Châtillon, avant de traverser les étangs de Grigny et d'arriver. Depuis les étangs, on distingue par les fenêtres les tours de Grigny 2 qui émergent des coteaux arborés de la Seine. Il ne manque pas grand-chose pour y voir un château mystérieux entouré de forêts et de lacs. Une jolie illusion rapidement douchée quand on sort de la gare de Grigny. Son esplanade est toujours animée, de jeunes gens vont, viennent, crient, sifflent pour proposer quelques marchandises proscrites, s'enquérir de vos besoins. Sur la droite, un escalier permet de s'extraire de cette cuvette qui abrite la gare. Les étroites marches sont encombrées, un garçon accoudé à la rambarde propose des cigarettes « Marlboro » pour 5 euros, un peu plus haut, les effluves de grillades embaument de leur odeur piquante. Cinq femmes habillées à la mode d'Afrique de l'Ouest sont assises sur de petits tabourets. Elles font cuire des brochettes de viande sur de tout petits barbecues posés sur des bidons de peinture renversés. Une autre vend quelques canettes de soda. Les jeunes continuent de s'enquérir de nos besoins : « Tu cherches quelque chose ? »

Ce jour-là, je dois rencontrer Djibril*, un p'tit gars de treize ans du quartier. J'ai un peu d'avance, je l'attends en haut des marches, au bord de la route qui mène vers le centre-ville. De l'autre côté de la rue, s'étend un vaste parking, sorte de place du village où se retrouvent les hommes. Entre les voitures, certains discutent, un monsieur prépare le thé à la façon mauritanienne, en transvasant le breuvage d'un verre à l'autre pour créer une mousse épaisse. Un peu plus loin, deux hommes s'échinent sur le capot ouvert d'une vieille voiture. La voiture voisine n'a plus de roues, elle est posée sur des briques. En attendant, je discute avec Nordine, un grand du quartier, qui lance son business de conseil en entrepreneuriat. Après une jeunesse mouvementée, quelques séjours en prison pour trafic de stupéfiants, Nordine s'est posé, il m'assure être loin de business illégal, mais se plaît à me raconter la face ghetto de Grigny. « J'ai tenu deux points de deal ici. Grigny c'est chaud ! Tu peux trouver tout ce que tu veux, t'as qu'à me demander ! 300 euros : je te fais une carte d'identité, 800 euros : je t'apporte un flingue. »

Djibril finit par arriver, il est accompagné de son copain Mamadou, de deux ans son aîné que je connais déjà. Djibril doit mesurer un mètre trente. Il est plutôt petit pour son âge, mais son œil est vif, et sa voix, un peu éraillée, est tranchante. Djibril est nonchalant, pour marquer son acquiescement, il ne lâche qu'un claquement de langue négligent. Devant moi, il garde les mains résolument enfoncées dans les poches de son jogging. Nous décidons d'aller nous installer dans un des fast-foods de la ville, c'est Nordine qui m'avait conseillé de procéder ainsi. « C'est donnant-donnant, tu vois : il te parle, tu leur payes un burger. »

J'ai rencontré Djibril comme j'ai rencontré beaucoup d'intervenants de cet ouvrage : par une succession d'intermédiaires. J'avais déjà dans l'idée de discuter avec un jeune garçon impliqué dans ces « rixes entre bandes » dont la presse s'était longuement fait l'écho durant l'année 2020. L'Essonne est le département qui est de loin le plus concerné par le phénomène : un quart des 357 affrontements entre bandes recensées en 2020 par le ministère de l'Intérieur avaient eu lieu dans ce département du sud de Paris. La mort de deux adolescents en vingt-quatre heures, poignardés en février 2021, avait achevé de déchaîner l'affolement médiatique et politique. Ma première venue à Grigny m'avait emmené dans un centre d'accueil de jeunesse. Je n'avais pas identifié l'existence de ce centre sur internet avant de venir, et j'avais poussé la porte du local, sans conviction. À l'intérieur, une bande de jeunes garçons jouaient au ping-pong, cinq gaillards entre dix-sept et dix-neuf ans, habitués de l'endroit. J'ai gardé contact avec l'un d'entre eux, Modibo, un jeune garçon de dix-sept ans, au regard gentil et intelligent. Modibo m'a présenté Mamadou, plus jeune que lui. Mamadou m'a introduit auprès de Djibril, de deux ans son cadet. « Lui, il peut te parler des embrouilles », m'avait-il assuré.

Djibril a grandi entre les tours défraîchies de Grigny 2, dans une famille de six enfants. Lui est le deuxième. Son grand frère est un « 07 » – il est né en 2007 –, il n'a qu'un an de plus que lui. Djibril ne sait pas vraiment ce que fait son père, « il travaille sur un chantier, il a une combinaison jaune », me dit-il seulement. Sa maman ne travaille pas, elle s'occupe de la famille. Depuis toujours, Djibril joue en bas de chez lui, à la maison, il n'y a pas beaucoup de place. Sa famille habite dans un F3, ce qui est un peu étroit pour les huit occupants de la maison. « Encore, nous, ça va, relativise-t-il. Paul*, chez lui, ils sont dix enfants, ils dorment à quatre dans sa chambre. »

Comme tous les jeunes de son âge et de son quartier, Djibril passe beaucoup de temps dehors. Les amitiés se tissent au pied des grands immeubles de la copropriété. Les ruelles qui desservent les halls ne sont pas des axes de passage, seuls les résidents les empruntent, elles sont calmes, et peu empruntées. « Au moins, on n'a pas peur que nos enfants se fassent renverser ! » ironise une maman croisée dans le quartier. Alors quand l'école est finie, c'est en bas que les jeunes passent le temps. Que font-ils ? pas grand-chose semble-t-il. « On discute ! Qu'est-ce que vous voulez qu'on fasse d'autre ? » m'interroge Djibril. Dans les halls, sous les arbres, derrière les tours, les copains se retrouvent et trompent l'ennui ensemble. Les échanges fusent, les insultes avec, il est étonnant d'entendre dans ces si jeunes bouches des invectives si crues, si violentes, toutes ces mères à « niquer », toutes ces « putes » dont les uns et les autres seraient les rejetons. On parle de l'école, des dernières bagarres, de musique, de séries, des vidéos qui tournent sur Snap, et un peu des filles. À treize ans, certains ont déjà leur copine, les autres charrient, plaisantent sur ce qu'ils font, ne font pas. Eux se défendent, jouent les bourreaux des cœurs désintéressés, et finissent par lâcher des commentaires désobligeants et vulgaires.

Quand ils ne sont pas en bas des tours, Djibril et ses copains sont fourrés au centre social. Un lieu d'accueil pour les jeunes, où ils peuvent passer le temps ensemble. Là-bas, il y a de quoi s'amuser quand on a treize ans. Un billard, un ping-pong, un jeu de Uno… « Parfois, ils proposent des activités, mais il faut s'inscrire. C'est normal, tu ne peux pas arriver et vouloir participer aux activités qui sont organisées. Il faut prévenir avant. Pour le billard et le ping-pong, là, t'as pas besoin de réserver. »

Pour la petite bande, le quartier est une forteresse mentale, un univers auquel elle n'échappe pas : le collège est à quelques minutes de marche, tout comme la maison de la jeunesse. Pour ces jeunes, les rares échappées sont les quelques voyages au bled. Djibril est allé une fois au Mali, il y a trois ans ; une confrontation étrange avec une part de lui-même, dont il ne sait en fait rien. « Là-bas, tu ne peux pas t'ennuyer, t'as toujours quelque chose à faire. Faut aller donner à manger aux vaches, aux chèvres… Après, c'est un délire, ce n'est pas pareil qu'ici. » Seulement, et pour la première fois, Djibril va partir en vacances cette année. Ses parents l'ont inscrit à un séjour au ski dans les Alpes, organisé par les éducateurs. Le séjour est prévu pour le mois de février, Djibril est impatient. Ses amis sont déjà partis : Mamadou était allé à Bordeaux, Paul* aux Sables-d'Olonne.

On avance souvent l'ennui comme cause des bagarres entre jeunes. Je ne sais pas si cette raison est la bonne, elle ne convainc pas tout à fait les quelques éducateurs avec qui j'ai pu discuter. Seulement, pour ces professionnels, la paralysie généralisée causée par l'épidémie de Covid-19, et le désœuvrement des jeunes privés d'école, et d'activité, a bel et bien précipité les affrontements. « Quand vous avez des jeunes qui sont super-actifs, qui habitent dans des petites surfaces, parfois au sein de grandes familles, si vous leur supprimez le sport, pour certains, c'est l'explosion ! » Une analyse que semblent confirmer les chiffres, puisque le nombre de rixes recensées par le ministère de l'Intérieur a augmenté de 24 % entre 2019 et 2020 en France, et de 80 % pour le département de l'Essonne.

*

Le collège n'est pas loin. Sous les arbres de l'avenue, Djibril et ses copains se rassemblent. Il n'est pas loin de 16 h 30, la fin des cours va bientôt sonner. Avec elle, les hordes d'élèves d'Albert-Camus se déverseront dans la rue. La petite bande a traversé le rond-point qui sépare Grigny de Ris-Orangis. Moins d'un kilomètre sépare le collège Albert-Camus de la tour où habite Djibril. Cet après-midi, ils sont sept de la « CDG » à s'être rassemblés pour mettre leurs comptes aux gars de Ris. Une « descente » comme ils disent. Les autres n'ont pas pu venir, ils avaient école, il y avait foot. La CDG, ce sont les « Criminels de Grigny », la bande d'adolescents du quartier de Grigny 2, dont Djibril est membre. Aujourd'hui, ils attendent la « 130R », leurs *alter ego* de Ris-Orangis, avec qui ils sont en guerre depuis plus d'un an. À côté de Djibril, Paul traîne son bâton, un gros morceau de canalisation qu'il a dégoté dans les ordures qui s'amassent en bas de chez lui.

« Ils sont là, je reconnais MXT !, s'exclame Mamedi*.

– Allons-y, go ! » lui répond Djibril.

En quelques enjambées, la petite bande fond sur les adolescents qui traînent paisiblement devant la porte du collège.

« Y'a les bougs[1] de Grigny », hurle une voix. En un instant, trois adolescents font face à la petite bande qui fond sur eux. Les premiers coups tombent, Djibril aperçoit Mamedi qui envoie son poing dans une mâchoire, et Paul qui fait tournoyer son bâton dans les airs. Les gars de Ris refluent, autour d'eux, une petite foule s'est rassemblée, elle se tient à distance mais ne manque rien du spectacle. Au-dessus des têtes, quelques portables filment la scène. Les gars de Ris finissent par se regrouper et contre-attaquer, ils sont une dizaine au moins, bien plus nombreux que les quelques compères de Grigny venus les défier devant leur propre collège. Les coups s'échangent, Dalil récolte un bon travers du pied dans les côtes, Oumar* reçoit un coup de poing sur le nez, mais la petite bande réussit à asséner quelques bons coups aussi ; Paul a notamment fait du ménage avec son morceau de canalisation.

À quelques mètres de distance, les deux groupes se font désormais face sur la chaussée et s'échangent coups de pied et cailloux lancés à toute force. « *Wallah*, ils deviennent trop nombreux », jure Mamedi. En face de la petite bande, c'est maintenant une quinzaine d'adolescents qui les affrontent. Les renforts sont arrivés à mesure que le collège se vide. « On reviendra ! », hurle Paul par-dessus les épaules de ses camarades. La petite bande tourne les talons et détale. En

1. Gars.

face, les gars de Ris font mine de les suivre, quelques-uns courent sur quelques mètres pour marquer le coup, mais laissent filer Djibril, Paul, Mamedi et les autres.

*

Les « Criminels de Grigny », désignent une bande d'adolescents de la copropriété de Grigny 2. Une trentaine de gamins, âgés de treize à quatorze ans, qui ont grandi ensemble au pied des tours du quartier. « On est les 07-08, m'explique Djibril. Ici, ça fonctionne comme ça, on traîne avec les gens de notre âge, on s'identifie par nos années de naissance, dit-il. On se connaît depuis toujours, on a tous grandi ici, on a tous grandi ensemble. » Depuis maintenant plus d'un an, cette bande aux visages rieurs et enfantins entreprend régulièrement des expéditions punitives contre leurs *alter ego* du quartier voisin, à Ris-Orangis. À entendre les jeunes garçons de la CDG, les violences avec Ris-Orangis remontent à l'année passée. Eux jurent leurs grands dieux qu'ils n'en sont pas à l'origine : évidemment, les fautifs, ce sont les autres. « Ils ont frappé un gars à nous, à coups de béquille, ils étaient dix contre un ! » se justifie Mamedi. « Le lendemain, on est allé devant leur collège, on leur a mis la misère », continue Paul en rigolant. « On n'a même pas retrouvé les mecs, ajoute Djibril. Enfin, si y'en avait qu'un. MXT, enfin, moi, je ne savais pas, je ne le connaissais pas… »

En vérité, la rivalité entre les deux quartiers voisins est bien plus ancienne : bien avant que la « CDG » ne s'embrouille avec la « 130R », la jeunesse de Grigny se bastonnait avec celle de Ris-Orangis. « Ils ne savent en fait même pas pourquoi ils se battent, explique un policier du commissariat de Juvisy, dont la juridiction comprend Grigny. Ils vont avancer une embrouille initiale, un passage à tabac pour une raison ou une autre qui aurait tout déclenché, mais ils ne font que reproduire ce que leurs grands frères faisaient avant eux. » L'enjeu n'est ni la drogue, ni le contrôle d'un territoire, ni les communautés respectives des protagonistes. Ces adolescents se battent parce que c'est comme ça, que ça s'est toujours fait, qu'il faut « défendre l'honneur du quartier », sa « réputation » ; autant d'expressions vidées de leur sens à force de les avoir prononcées. « Parfois on ne se bat pas pendant plusieurs semaines, et puis parfois, on se bat trois fois dans la même semaine », réfléchit Djibril. Les bandes rivales se provoquent, sur les réseaux sociaux principalement. La « CDG » et la « 130R » ont même un groupe en commun sur le réseau social Snapchat, où les membres des deux clans peuvent s'insulter, se provoquer plus facilement. « On fixe aussi les points de rendez-vous », explique Djibril. Sur le groupe, les insultes se succèdent effectivement. Paul fait défiler son écran pour m'en offrir un aperçu. La vidéo postée d'un affrontement récent a relancé les invectives, les menaces, chacun raillant l'autre, arguant avoir gagné la bataille.

« Ils font les malins les bougs de Ris, lance Paul, mais ce ne sont que des tapettes. Jamais ils ne viennent chez nous, ils ont bien trop peur !

– Nous, on se balade chez eux tranquille, on les nargue, on les provoque ! ajoute Adama. Eux, jamais ils ne passent la gare. »

La petite bande se complaît dans sa forfanterie. Une forfanterie pas tout à fait déplacée d'ailleurs, si on en croit le témoignage du policier du commissariat de Juvisy. « C'est vrai que sur le territoire de Grigny, on a très peu de rixes. Ils se battent à Ris-Orangis, qui ne dépend pas de chez nous mais du commissariat d'Évry. Faut croire que les petits de Grigny sont plus forts, qu'est-ce que vous voulez que je vous dise ? », conclut-il. Pour un éducateur, bon connaisseur de Grigny, l'explication est plutôt à trouver sur le profil de la commune. « Grigny, en termes de violence, c'est hors catégorie. Il y a deux endroits dans l'Essonne qui sont bien au-dessus : les Tarterêts, à Corbeil-Essonnes, et Grigny. Jamais les petits de Ris-Orangis ne viendront défier des garçons de Grigny sur leur territoire. Ils ne sont pas fous ! »

*

Sur le parking qui s'étend en face de la gare, je retrouve Nordine. Là, un vieux centre commercial tient miraculeusement debout. À l'intérieur, quelques bazars, quelques restaurants rapides subsistent en face du lourd rideau de fer de l'ancien supermarché Carrefour, fermé en 2016, faute de rentabilité. On attrape un café au *Village*, l'établissement qui donne sur le parking. Là, les visiteurs du soir se retrouvent et discutent. Ibrahim se joint à nous, il est plus jeune que Nordine de cinq ans. La discussion s'oriente sur les bagarres entre les bandes de jeunes. Quinze années plus tôt, Nordine faisait lui aussi partie d'une bande, les « Grigny Hot Boys ». En 2009, la « GHB » avait été recensée par le ministère de l'Intérieur comme l'une des 222 bandes françaises[2], et ce nom était cité dans les articles de la presse nationale comme emblématique des « phénomènes de bandes ». À l'époque, la GHB entretenait elle aussi des rivalités avec les quartiers voisins. Un antagonisme qui se réglait sur les terrains vagues ou devant les centres commerciaux. Ibrahim est, lui, un ancien de la JRG (abréviation de « Jeunes Racailles de Grigny »), une bande qui a connu ses heures de gloire il y a une petite dizaine d'années. Les deux me racontent leurs souvenirs, leurs exploits. « Je me souviens qu'un gars de Grigny avait été frappé à l'Agora, raconte Nordine à grand renfort de gestes. Le soir, tout Grigny était à Évry. On a ratissé les trois zones et tout retourné ! »

Rien de nouveau sous le soleil donc, sauf que Nordine, tout autant qu'Ibrahim, situent leurs premières bagarres à l'âge de quinze ou seize ans, quand Djibril n'en a que treize, et qu'il raconte se battre depuis une année au moins. À la protection judiciaire de la jeunesse de l'Essonne, un éducateur dresse le même constat. « Au début de ces phénomènes, en Île-de-France, on parlait de bagarres entre des hommes d'une vingtaine d'années, raconte-t-il. Dans les années 1990, ce sont les grands adolescents qui ont commencé, les plus jeunes regardaient. Durant les années 2000, ce fut au tour des quinze-seize ans. Depuis quelques années, on a des jeunes qui ont souvent moins de quatorze ans. Je me souviens, en 2008, on m'a demandé d'intervenir sur le sujet des rixes dans une classe de sixième. L'objectif

2. Christophe CORNEVIN, « Ces 222 bandes qui défient la loi dans les banlieues », 26 mars 2009, *Le Figaro*.

était de sensibiliser les jeunes au moment où ils pouvaient entrer dans ces dynamiques, à onze ou douze ans. Ça m'a terrifié. »

De fait, en discutant avec plusieurs générations de jeunes du quartier de Grigny 2, on s'aperçoit qu'à mesure que l'âge augmente, la propension à se battre diminue. Avec le temps, les préoccupations des jeunes changent et leurs peurs aussi. « Les jeunes comprennent très bien qu'à partir de quinze ou seize ans, ils commencent à risquer gros, m'explique l'éducateur spécialisé. Et puis avec l'âge, ils ont moins besoin de se prouver quelque chose, ils pensent au permis de conduire, à des moyens de se faire de l'argent... continue-t-il. Ça peut générer d'autres violences, mais on n'est plus simplement dans l'affrontement gratuit. » Les jeunes font d'ailleurs très bien la différence. « La BDG – pour Bandits de Grigny – elle ne se bat plus », m'expliquait ainsi Dramane, lui-même membre de la MDH. La MDH – pour « Mafia du Hood[3] » rassemble des jeunes entre dix-sept et dix-huit ans. À côté de lui, Mamadou est un membre de la BDG, la bande composée de garçons de la génération suivante, des garçons de quinze ou seize ans. Mamadou jure que les embrouilles sont derrière lui. « On sait que ça ne sert à rien, maintenant les bougs de Ris, on ne les calcule pas », affirme-t-il. Au fil de la discussion, je comprends toutefois que ses jours violents ne sont pas tout à fait derrière lui. S'il n'est plus prisonnier d'un cycle de vendettas avec ses rivaux du quartier voisin, comme ce fut le cas auparavant, il se tient prêt à intervenir, comme

3. En argot américain, « Hood » désigne un quartier populaire, il s'agit de la contraction de « neighborhood », le quartier.

il y a quelques semaines. « Des grands de Ris, des mecs de mon âge, avaient frappé un plus p'tit qu'eux. Là, on est intervenu », m'explique-t-il simplement. Dramane tient le même discours. À dix-huit ans, il concède lui-aussi avoir été impliqué dans une rixe il n'y a pas si longtemps. De la même manière que Mamadou, il justifie sa participation par une situation exceptionnelle. « On est venu à la rescousse des p'tits, dit-il simplement. Ils s'étaient fait taper par des grands, alors on a fait ce qu'on avait à faire. On a gagné, normal quoi. »

Les affrontements se succèdent, aux matches-allers répondent les matches-retours aussi sûrement qu'irrégulièrement. Depuis quelques mois, les copains de la CDG se débrouillent pour amener des armes. Ces armes, ils les piquent à leurs parents, les ramassent dans les débarras qui pullulent au pied des tours, et parfois, ils les achètent sur internet, comme la belle gazeuse que MXT, l'un des ennemis jurés de la bande, exhibe avec fierté sur Instagram. La question des armes embarrasse Djibril quand je la pose sur la table. Ce jour-là, il a amené quelques copains, pour parler des « embrouilles », comme ils disent. Il y a Paul, Mamedi, et Adama, son grand frère d'un an à peine. Autour de la table, chacun jure ses grands dieux qu'il n'en est rien, qu'ils se battent comme des hommes, à mains nues, mais leurs sourires triomphants les trahissent. Je le sais, et ils sont fiers comme tout. C'est finalement Mamedi qui lâche le morceau. La discussion porte sur la dernière embrouille, Paul et lui ne sont pas d'accord sur la date. « Mais si, souviens-toi. C'était un mardi après les cours, s'écrie-t-il, t'avais apporté un marteau ! » J'attrape la phrase au vol. « Un marteau ? tiens donc. » Autour de la table, les rires fusent, Paul se cache dans ses bras, puis relève la tête, le sourire fier. « Ouais, d'accord, ça m'est arrivé », avoue-t-il. Paul accepte de me montrer des vidéos. Il y en a plusieurs, et sur l'une d'entre elles, on le voit brandir un marteau. Il n'est pas le seul, un autre de ses camarades en tient un. Derrière, on distingue des bâtons. Je m'enquiers des armes qu'ils utilisent habituellement. « Ça dépend, explique Paul. On a des bâtons, parfois des marteaux, des gazeuses qu'on achète sur internet. Ça c'est trop puissant », jure-t-il avec un sourire terriblement enfantin.

« Moi, je ne prends jamais d'arme, m'explique cependant Djibril. Si tu te fais attraper avec une arme par la police, t'es dans la merde. Si t'as rien, ils te laissent partir. » Paul n'a pas ce genre de considération. « Il faut ce qu'il faut », se justifie-t-il. Les conséquences et les dangers que représentent ces armes n'ont que peu de prise sur eux. À en discuter, le danger est bien loin, ils ne s'en sentent pas concernés, malgré les histoires qu'ils me racontent avec délectation de tabassages en règle infligés ou reçus par des membres de leur bande. Les morts de Toumani et Lilibelle, au cours de l'année passée, semblent bien loin pour ces jeunes qui n'ont pour horizon le plus lointain que Ris-Orangis, la terre ennemie. « C'est la règle, on vit avec », balance crânement Mamedi. Je n'y crois pas trop, lui comme ses compères se cachent derrière les lieux communs quelque peu éculés sur la violence qui régit la vie des quartiers, l'honneur du territoire à défendre à tout prix. Je suis sceptique.

*

Djibril est le deuxième enfant d'une famille de six, une famille nombreuse, mais pas tant que cela au regard de ses amis. Autour de la table, ses compères déclinent : dix enfants, huit enfants, sept enfants, douze enfants… Les parents de Djibril ne connaissent pas ses amis, qu'il n'invite jamais chez lui. Ils ne connaissent pas non plus ses occupations belliqueuses qui l'emmènent régulièrement devant le collège de Ris-Orangis. « Je ne me suis jamais fait prendre par la police pour une rixe », justifie Djibril. C'est arrivé à Mamedi, embarqué par une patrouille avec son bâton, alors que les deux bandes voulaient en découdre dans un petit parc non loin d'ici. « Il s'est fait priver de sortie pendant deux semaines », se souvient Djibril, visiblement peu ému. À treize ans, tous sont relativement livrés à eux-mêmes. « Mes parents ne sont pas stricts, juge le jeune garçon. Je peux sortir quand je veux. Après, quand il y a école, je ne rentre pas après 20 heures. » Jusqu'à 20 heures, Djibril traîne donc avec ses copains au pied des tours, loin de l'appartement bruyant où sa mère s'occupe de ses petits frères et sœurs.

La famille de Djibril s'en sort plutôt bien, son père a un emploi stable, et le garçon explique ne jamais avoir vraiment manqué de quelque chose. « Chez nous, ça va. Je n'ai pas beaucoup d'argent de poche. Ma mère me donne un dix ou un vingt de temps en temps quand je lui demande. C'est pas comme Paul, lui ses parents lui donnent des cinquante ! » me dit-il, émerveillé. Pour améliorer son ordinaire, Djibril m'avoue qu'il lui arrive de voler. « Oui, des portables, ça se revend sur Snapchat. » L'année dernière, Djibril a même fracassé la vitrine d'un magasin pour y voler des vélos. Une tentative qui a tourné court, le garçon et ses deux compères ont été attrapés, ils n'avaient pas anticipé l'alarme. « Les flics nous ont chopés près de la gare », se souvient-il en rigolant. À côté de lui, Mamadou, un peu plus âgé, a choisi un moyen bien plus efficace pour faire entrer des fonds. « Je demande à ma sœur de me ramener de l'arôme de chicha quand elle va à Dubaï. C'est 10 euros le kilo là-bas, moi, je revends 10 euros les 100 grammes. Ça paie bien », m'explique-t-il.

Pour Djibril comme pour ses amis, la famille est un point de repère, mais le point repère ultime, celui le plus important, celui qui compte, reste la bande et les copains. Elle est le cadre dans lequel ils s'épanouissent, trouvent une place, des amis. « Le groupe représente la structure qu'ils n'ont pas forcément ailleurs, explique un éducateur. Même pour des enfants qui sont dans des familles qui vont bien, le groupe reste plus fort. » Dans un quartier où la violence est partout, le groupe est une protection. Dans un monde perçu comme hostile, et peu enclin à les accepter, la bande leur offre une place et des solidarités fortes. La bande est une structure sociale comme une autre, avec ses règles, ses interdits, ses valeurs. Tout cela n'est pas vraiment conscient pour le petit Djibril quand nous en discutons, mais dans sa tête, les idées sont claires, il y a les choses qui se font, les choses qui ne se font pas. « Tu dois défendre tes amis, le quartier, commence-t-il ; tu dois être solide ; jamais tu balances à un flic… » Son énumération dessine les contours d'un groupe où chacun cherche à accroître sa réputation et à éviter les humiliations, et qui s'articule autour des valeurs de courage, d'honneur, de loyauté.

Il est difficile de discuter avec Djibril sans que rapplique petit à petit tout le reste de la bande. Les compères se séparent peu, quand l'un fait quelque chose, les autres sont au courant. Je lui fais remarquer en souriant, il sourit à son tour. « C'est comme ça, on est tous ensemble, quand y'en a un qui fait un truc, les autres sont là, c'est comme ça. » J'essaie de comprendre ce qui distingue cette bande de tous les groupes d'amitiés adolescentes qu'on observe quelle que soit l'origine sociale ou géographique. Dans ses travaux, le sociologue Marwan Mohammed[4] différencie la bande du groupe par sa dimension transgressive. Dans le cas de la CDG, cette dimension est évidente, tant par les multiples bagarres auxquelles elle s'adonne, que par les larcins que ses membres commettent et notamment les vols de téléphones portables que Djibril confesse.

En discutant avec Djibril, Mamedi, Paul ou Mamadou, de quelques années plus âgés, on comprend vite que l'attachement au groupe est viscéral, voire grégaire. Les affaires des uns concernent tous les autres, c'est bien là que réside l'engrenage infernal des rixes : quand un membre de la bande a un problème avec quelqu'un, ce problème devient l'affaire de tous. Inversement, chaque membre du groupe devient responsable des affaires de chacun, ce qui explique que n'importe lequel des membres de la CDG peut se voir individuellement pris à partie par la bande rivale pour venger une bagarre lors de laquelle il n'était même pas présent. « C'est ce qui est arrivé à Fathi », lance l'un des garçons qui se sont greffés à notre conversation. « Lui, il n'est pas dans les embrouilles, il s'est fait frapper au collège. » À la différence de la plupart de ses camarades

4. Voir Marwan MOHAMMED, *La formation des bandes. Entre la famille, l'école et la rue*, Paris, PUF, 2011.

qui fréquentent des lycées de Grigny, Fathi vient d'intégrer un collège de Ris-Orangis à la rentrée 2020. « Il s'est fait sauter[5] deux fois », précise un autre.

Seulement, si les jeunes professent volontiers cette exigence de loyauté au groupe, pour les éducateurs qui les accompagnent, cette loyauté est en fait perverse. « Ce qu'ils ne comprennent pas, c'est qu'autant l'exigence de loyauté est très forte de la part du groupe pour l'individu, autant l'inverse n'est pas vrai, nuance l'un d'entre eux. À tout moment, le groupe peut le lâcher. Il suffit qu'il déménage, qu'il se défile, qu'il aille en maison de correction. » Pour un autre éducateur, le groupe ne fonctionne pas sur la loyauté de ses membres mais plutôt sur la peur qu'il inspire. « Pour un gamin, la motivation qui conduit au passage à l'acte elle est d'abord négative. Que va-t-il m'arriver si je ne me joins pas à eux? Dans cet univers, soit tu es une victime, soit tu victimises. »

*

Les parents de Djibril sont des Maliens arrivés en France en 2003. Ils ont atterri à Grigny 2 comme tant d'autres. Déjà, au village, on leur avait parlé de cette copropriété où les logements ne sont pas chers. « On n'a pas mis beaucoup de temps à trouver un appartement, m'explique son papa. L'appartement nous convenait, c'était plutôt grand, et on n'avait pas beaucoup de moyens! » Grigny 2 est aujourd'hui la copropriété la moins chère de France,

5. Frapper.

elle attire une population précaire, qui n'a pas d'autres choix que de venir ici, souvent issue de l'immigration.

Grigny 2 est sorti de l'imagination d'un magnat de l'immobilier hongrois naturalisé français, Robert Zellinger de Balkany. Quand il dessine les plans de cette vaste copropriété, l'homme d'affaires n'en est pas à sa première opération d'envergure. Il a déjà sorti de terre une autre copropriété plus grande encore dans les Yvelines, au Chesnay, qui est toujours, aujourd'hui, la plus grande copropriété d'Europe. Le quartier est construit à la sortie de la gare et du RER D. Ici, sur les 43 hectares du parc, 4 985 logements s'emboîtent dans les immeubles et 17 000 personnes s'y entassent. Dans les années 1970, le projet prend forme, des familles s'installent, attirées par les équipements promis par la ville : écoles, stade, crèche… Seulement, dès 1971, le promoteur note dans une lettre adressée au préfet le « très sérieux retard » des équipements en question[6], qui provoque la colère des nouveaux arrivants. Les habitants tentent sans succès de poursuivre l'aménageur pour publicité mensongère, tandis que celui-ci se met à vendre des chambres de service comme des appartements à part entière[7]. Le montant des charges de copropriété reste quant à lui toujours aussi élevé, il achève de faire fuir les locataires. Les prix des appartements s'effondrent et attirent une autre population, bien plus pauvre, à qui on n'a jamais parlé de ces charges et qui, pour beaucoup, n'ont pas les moyens de s'en acquitter.

---

6. Xavier de Jarcy, *Les Abandonnés, Histoire des « cités de banlieue »*, Paris, Albin Michel, 2019, p. 383.

7. *Ibid.*

Aujourd'hui, Grigny 2 fait partie de ces « copropriétés en déshérence », comme on les appelle dans le jargon administratif. Faute de charges payées, les bâtiments tombent doucement en ruine ; beaucoup d'entre eux sont devenus insalubres et dangereux. Dans les halls d'immeubles, les faux plafonds sont arrachés, les carreaux qui couvrent les murs défoncés ici et là. Djibril habite dans une tour de la rue Lavoisier. « Chez moi, il y a un ascenseur qui ne fonctionne plus depuis longtemps. Alors, quand l'autre tombe en panne, il faut monter les dix étages à pied. Pour ma mère, quand elle a les courses, c'est dur. » Les parents de Djibril ont acheté en 2007, un effort pour cette famille pauvre et nombreuse qui peine à boucler ses fins de mois. « Je gagne un SMIC et ma femme fait quelques ménages de temps en temps, explique Monsieur D., son père. Je dois rembourser 400 euros d'emprunt, et payer 380 euros de charges. Comment suis-je censé faire ? Moi je paie mes charges, jure-t-il. Mais je suis bien le seul couillon à le faire. Vous imaginez, 380 euros pour ne pas avoir d'ascenseur qui marche et l'électricité qui saute ? »

Depuis 2001, le quartier est placé sous plan de sauvegarde. En 2016, il est l'objet d'une opération d'intérêt national de requalification des copropriétés dégradées. Fin mars 2021, l'État a annoncé racheter 1 320 appartements, dont 401 étaient déjà acquis au moment de l'annonce, au fil des départs et des ventes aux enchères, 919 autres restent donc à acheter d'ici 2026. L'objectif est de transformer en HLM ou détruire une large part des logements, plusieurs tours à proximité de la gare sont déjà condamnées. L'appartement de la famille de Djibril est visé par cette opération, la ville leur propose de le racheter dans le cadre de l'opération de requalification urbaine, sauf que la valeur qui lui est fixée est bien en deçà de leurs espérances. Le garçon le sait, c'est lui qui m'en parle quand je lui demande s'il aime bien son appartement. « Mon père ne veut pas vendre, on veut lui acheter, mais pas au bon prix », m'explique-t-il, en disant que ces affaires inquiètent ses parents. « Nous avons acheté cet appartement de 65 mètres carrés à presque 90 000 euros en 2007. On m'en propose 55 000 pour le racheter. Vous vous rendez compte ? Avec 55 000 euros, qu'est-ce que je peux acheter comme appartement, moi ? » tempête-t-il.

Au pied de l'immeuble de la famille de Djibril, un fauteuil gît, fracturé. « Regardez-moi ça, se lamente son père, en le pointant du doigt. Ça, ce sont des locataires qui l'ont balancé ce matin par la fenêtre. Pourquoi ? Je n'en sais rien, il ne devait plus en avoir d'utilité, c'est comme ça que ça marche ici. » Une femme approche, et se joint à la discussion. Elle habite dans le même immeuble, au cinquième étage. « Il y a des personnes ici qui se croient encore au pays. Chez nous, il y a des gens qui balancent des choses par la fenêtre, et ils pensent qu'ils peuvent faire la même chose ici ! s'énerve-t-elle. Le problème, c'est tous ces gens qui s'entassent dans des appartements de misère, ils vivent à trois familles, on ne sait même pas comment. » La déshérence de Grigny 2, ses bâtiments délabrés et ses logements vacants ont attiré les marchands de sommeil, qui louent à des familles bien souvent fraîchement arrivées en France des surfaces minuscules dans des appartements découpés pour accueillir plus de monde. Dans les couloirs sales d'un bâtiment du square Surcouf, on peut facilement identifier ces appartements, sur les portes desquels s'accumulent les serrures, forcées et changées au gré de la récupération des appartements. Derrière l'une de ces portes, le logement est plongé dans la pénombre, les volets fermés obstruent la lumière pour préserver un semblant d'intimité dans les pièces encombrées. Sur les portes des chambres, des verrous ont été ajoutés, pour que chaque famille ou groupe de personnes puisse préserver son espace. Par terre ou suspendus, des câbles électriques courent le long des pièces, au mépris des règles de sécurité les plus basiques. Dans la cuisine sale et graisseuse, plusieurs personnes s'entassent pour préparer le repas chacune à leur tour.

*

En avril 2021, la France s'apprête à entrer dans son troisième confinement, les musulmans dans le mois du ramadan. Djibril a accompagné son père à la mosquée, il a écouté le prêche de l'imam, il parlait du devoir d'aumône qui incombait à tous les musulmans, en particulier durant ce mois particulier. La semaine précédente, des grands de la MDH ont lancé une quête d'argent pour organiser une distribution alimentaire. Djibril n'est pas riche, il a bien quelques dizaines d'euros qu'il garde, gagnés ici où là, mais il s'est décidé à donner quelque chose.

Grigny est une ville pauvre. En 2020, l'Observatoire des inégalités la classait en tête de son palmarès des villes les plus défavorisées. Il faut dire que 45 % de la population vit sous le seuil de pauvreté. Ce chiffre grimpe à 55 % dans le quartier de Grigny 2. La pandémie et la crise économique et sociale qui a suivi n'ont rien arrangé : à la fin de l'année 2020, le nombre de demandes de RSA avait augmenté de 20 %, sans compter la multitude de familles qui dépendent d'emplois non déclarés, et donc non protégés par les dispositifs gouvernementaux quand l'activité économique s'est arrêtée en France.

Omar et Modibo ont dix-sept et dix-huit ans, ils sont les deux garçons à l'origine de la collecte. Deux « grands », aux yeux de Djibril, dont la bande était impliquée dans les embrouilles il y a quelques années encore. Cette fois-ci, le groupe a focalisé son énergie pour mettre en place ce projet, collecter l'argent, acheter les produits, les empaquetés et enfin les distribuer. Omar et Modibo sollicitent les éducateurs qui les suivent depuis des années. « Ils nous ont demandé notre aide pour la logistique, conduire la camionnette », explique Jasmine Rilos, qui dirige l'association de prévention. Nordine donne un coup de main lui aussi, il met tout son bagou à négocier des prix avec les supermarchés environnants. Chaque samedi, un commando file en direction de Corbeil-Essonnes et de son marché frais. « On a acheté cent cinquante paquets de pâtes, cinquante bidons d'huile, de paquets de lait, de farine et de sel. Du basique quoi », énumère Modibo. « Fallait faire attention, on notait tous les noms pour ne pas donner à n'importe qui, la distribution, c'était pour le quartier », précise Nordine. La défense du quartier sur tous les fronts.

Dreux
Les Oriels

—

Madame Diallo

Mère de Dreux

Madame Diallo habite aux Oriels depuis 1984. Elle n'était alors qu'une jeune fille arrivée en France quatre années plus tôt, à l'âge de dix-sept ans. Madame Diallo ne connaissait pas Dreux, elle s'y est installée parce qu'il y avait des logements disponibles, et que son mari avait de la famille dans le coin. Dreux est l'une de ces petites villes, ni vraiment en banlieue, ni vraiment en province. À quatre-vingts kilomètres de Paris, et bien que desservie par la ligne N du Transilien – le réseau de train de banlieue de la SNCF – la ville n'est pas en Île-de-France. Le trajet est long pour y accéder, on passe entre les champs de grande culture jusqu'à descendre dans la cuvette au fond de laquelle gît la ville, traverser l'Eure et arriver à Dreux. Une heure et quart de balancement régulier au deuxième étage de la rame rénovée. Trop loin pour bénéficier d'une proximité avec la capitale, trop près pour exister par elle-même.

Quand le couple Diallo pose ses valises dans le quartier nord de la ville, Madame Diallo a déjà deux enfants, deux filles, les premières d'une longue suite. Aujourd'hui, Madame Diallo a onze enfants. À cinquante-huit ans, elle est une matriarche ; dans son salon, elle trône sur la banquette qui longe le mur bleu et laisse ses filles s'agiter autour d'elle. Avec sa peau parcheminée et sa démarche chaloupée, Madame Diallo fait plus que son âge, elle souffre de douleurs au dos, rançon d'une vie de labeur. « J'ai toujours eu deux travails, celui que je faisais à la piscine municipale de Houdan, et celui que je faisais ici pour s'occuper de la famille ! », plaisante-t-elle.

Tous ses enfants ont été élevés ici, aux Oriels, l'aînée a désormais quarante ans, et sa dernière en a seize, le même âge que l'aînée de ses petites filles. « On nous appelle les jumelles », dit Mariama en souriant. « Elles ont été élevées ensemble, précise sa mère. Ma fille était encore étudiante quand elle l'a eu, alors c'est moi qui la guettais pour elle en même temps que mes autres enfants. » Mariama est désormais en première, au lycée du coin, vingt-trois ans après que sa sœur aînée a fréquenté cette classe. « Ah, les enfants, ce n'est plus pareil ! », s'exclame Madame Diallo. La mère de famille fustige les réseaux sociaux, elle avoue ne pas y comprendre grand-chose ; à part WhatsApp, qu'elle utilise toute la journée. « Avant, on était ensemble. On passait le temps ensemble, répète-t-elle. On regardait *Koh Lanta* ou *Miss France* à la télévision, on discutait, on rigolait… Maintenant, c'est chacun dans son coin, sur son portable, dit-elle. Et moi, je regarde *Koh Lanta* toute seule. » Elle hausse les épaules d'un air résigné. Le haussement d'épaules d'une maman vieillissante qui ne comprend plus vraiment le monde dans lequel évoluent ses enfants. Quand elle parle, Madame Diallo remet son voile à motifs léopard, simplement posé sur sa tête. Elle secoue doucement la tête, pour appuyer sa désapprobation. « Moi j'ai grandi au Sénégal dans un village dans le Nord. Matam, vous connaissez ? me dit-elle. Chez nous, je peux vous dire que ce n'est pas chacun pour soi, au contraire ! C'est plutôt tout le monde, avec chacun, tout le temps ! »

Mais Madame Diallo ne se plaint pas, la vie semble l'avoir comblée. Elle vit entourée de ses filles, de ses fils, et de leurs enfants. Elle ne se lasse pas de faire défiler leurs photos sur son smartphone. Tous sont les fils de son défunt mari, décédé voilà dix ans, sauf un, Ablaye, âgé de vingt-deux ans. « C'est le fils de mon frère aîné qui vit à Saint-Louis au Sénégal. Quand sa femme est morte, il n'avait que neuf ans, c'était le petit dernier. Quand je me suis rendu là-bas, il ne voulait pas me lâcher, alors on a décidé de l'adopter », dit-elle simplement.

Quand son mari décède, Madame Diallo se retrouve seule avec ses onze enfants. Les aînés ont déjà quitté la maison, mais Mariama, la dernière, n'a que six ans à l'époque. Madame Diallo avait pris un emploi dès 1997, pour compléter les revenus de son mari, mais à sa mort, elle n'a pas d'autre choix que de travailler plus. Chaque jour, elle se rend à la piscine municipale de Houdan, une petite ville non loin de Dreux, la première gare d'Île-de-France, ou la dernière, c'est selon. « Je faisais déjà les horaires du matin, j'ai demandé à travailler le soir », m'explique-t-elle. Elle fait partie de l'équipe de nettoyage, qui s'active bien avant que les premiers visiteurs n'arrivent. « Lever cinq heures pour être à la piscine à six heures et jusqu'à neuf heures. J'étais à la maison à dix heures et je recommençais le soir, de dix-sept heures à vingt et une heures. Ça faisait des grosses journées. »

Aujourd'hui Madame Diallo est fatiguée. Elle compte demander une retraite anticipée, et tant pis si elle n'a que cinquante-huit ans et qu'elle n'a pas le droit à une retraite à taux plein. « J'ai mon fils qui travaille, et mes filles qui m'aident », se dit-elle. Madame Diallo a toujours pu compter sur ses filles et maintenant sur ses fils pour continuer à vivre dignement. Dès qu'elles ont commencé à travailler, ses filles lui ont versé un peu d'argent chaque mois, pas forcément grand-chose, mais un petit peu, de quoi améliorer l'ordinaire, de quoi s'occuper des plus jeunes. Aujourd'hui, Madame Diallo n'a plus que trois enfants à la maison, et parmi ces trois enfants, son fils aîné, celui de vingt-deux ans, travaille désormais et lui verse l'essentiel de sa paie. Les temps sont durs pour la vieille femme, qui ne touche qu'un mi-temps. Sept cents euros environ ne pèsent pas bien lourd, ils couvrent tout juste de quoi payer le loyer de son logement social. L'appartement de la famille est vaste, c'est un F5 avec quatre chambres, une cuisine et un salon. Aujourd'hui, chaque enfant encore présent a sa chambre, mais dans le temps, il en était autrement. Mariama, la dernière, est née après le départ des premiers enfants du foyer, mais il fut un temps où la famille vivait à onze dans le logement, avec des enfants en bas âge. Aujourd'hui, la plupart de ses enfants ont quitté le foyer, certains vivent à Dreux, aux Oriels mêmes, d'autres se sont envolés plus loin, à Trappes, Élancourt ou même Bordeaux. Ils ne sont tout de même que cinq à habiter encore ici, mais la matriarche voudrait changer. « Il est trop grand celui-là, trop grand et trop cher. »

Madame Diallo s'étonne toujours de la hausse des prix. Sur le marché qui se tient le mercredi et le dimanche sur la place des Oriels, au Lidl, ou chez Aldi, les deux enseignes de hard-discount du coin, elle constate chaque jour qui passe la baisse de son pouvoir d'achat. Quand on lui parle, elle lève les yeux au ciel. « Tout est cher maintenant ! s'exclame-t-elle. À l'époque, quand tu allais sur le marché avec un billet de 100 euros, c'était largement suffisant. Maintenant si tu ne fais pas attention, tout ton billet y passe ! L'autre jour, j'ai acheté de la viande au boucher, mes enfants venaient déjeuner. J'en ai eu pour 80 euros, et il n'y avait même pas dix kilos ! » Dans les rayons, elle compare les prix avec ceux du marché qui se tient sur la place des Oriels, le mercredi et le dimanche. « Parfois l'un est plus cher, parfois c'est l'autre », dit-elle.

*

Les Oriels n'ont pas toujours été les Oriels. Jusqu'au début des années 1990, le quartier était connu sous le nom des Chamards. Quand les bailleurs sociaux Habitat Drouais et OPLHM reprirent le parc immobilier vieillissant, la décision fut prise de changer le nom de ce quartier bien mal réputé. À coups de rénovations successives, les bailleurs ont réhabilité trente-deux tours du quartier, les grandes qui tiennent le plateau, et les plus petites, qui les entourent, marquant une réelle montée en gamme des logements. « Ah oui, ça a vraiment changé, se souvient Madame Diallo. Avant, les Chamards c'était comme le bled, il y avait des rats partout ! Maintenant on est bien ! » Madame Diallo aime son quartier. Ses grandes tours jaunies qui se dressent un peu maladroitement entre les parkings et les pelouses un peu éclaircies. Elle sait pourtant qu'il n'a pas bonne presse, elle comprend pourquoi. En quarante ans, elle a vu le quartier changer. Quand elle est arrivée en 1984, les Blancs étaient encore nombreux aux Chamards. Aujourd'hui, il n'y en a plus beaucoup, mais ce n'est pas seulement l'apanage des Oriels. « Avant, il y avait moins de problèmes, les jeunes avaient un cadre, c'est plus comme maintenant. Moi, j'ai toujours laissé mes enfants jouer dehors, aujourd'hui on ne peut plus. Les gens du quartier ont peur des jeunes maintenant, ce n'est pas une bonne chose. »

À la maison des associations, Ali Hamana est plus mesuré. « Il y a toujours des problèmes de sécurité, mais c'est moins pire qu'il y a dix ans. » Monsieur Hamana est arrivé aux Oriels en 1970, lui aussi a vu le quartier évoluer, mais s'il tient à souligner qu'on vit bien dans ce quartier, il reconnaît qu'une certaine violence est toujours là. Il me parle d'un règlement de comptes, survenu il y a quatre ans, en 2017. « Ça s'est passé le soir, un peu avant vingt et une heures, se souvient-il. C'était un jeune que je connaissais de vue, sans plus, il a été tué de quatre balles. J'avais essayé de calmer les jeunes qui étaient un peu survoltés et ça a bien failli se retourner contre moi, tellement les jeunes étaient en colère contre tout le monde », se souvient-il. Monsieur Hamana marque un silence, il ne veut pas donner une image trop terrifiante de son quartier, il s'empresse d'ajouter : « Mais ce n'est pas Marseille ici, ça ne tire pas à la kalach' comme ça ! »

Hawa, une autre maman du quartier, âgée de trente-cinq ans, vit au quartier depuis douze ans. Elle ne cache pas son envie de quitter l'endroit. « Franchement, c'est la zone, dit-elle sans détour. Avant, j'habitais juste à côté, au Lièvre-d'Or, et là-bas, ça n'était pas comme ça », ajoute-t-elle. Quand nous discutons, je sens Hawa inquiète pour ses enfants. « Quel exemple cela donne pour mes fils ? J'ai quatre garçons, et pour eux, le trafic c'est normal, et ça, je ne peux pas l'accepter, me dit-elle. On sait très bien qu'ils prennent leurs guetteurs de plus en plus jeunes, qu'ils les paient plus que ce qui pourrait espérer n'importe où ailleurs. Comment on fait pour élever nos enfants, quand on a ça en dessous de nos fenêtres ? »

Avec le quartier des Bâtes au sud de la ville, les Oriels est le quartier où la drogue circule le plus à Dreux. « La ville est une plaque tournante du trafic de stupéfiants en France, elle profite de sa position aux portes de l'agglomération parisienne qui en fait un parfait point de chute pour l'importation de la marchandise avant qu'elle ne se déploie dans les cités franciliennes », explique un policier drouais. En 2010, le démantèlement du réseau « Furax » a révélé l'importance des réseaux drouais dans le paysage des stupéfiants français. « Furax » était une vaste organisation qui s'étendait entre le Maroc, l'Espagne et la France. À sa tête, Bouchaib El Kacimi, surnommé « Bouch' de Dreux », organisait les convois qui ont remonté quelque cinquante tonnes de résine de cannabis entre 2008 et 2010, à raison d'une tonne de résine importée par voyage. Le réseau a finalement été démantelé : après une vaste enquête policière, Bouchaib El Kacimi est arrêté à Roissy alors qu'il s'apprêtait à partir en Thaïlande avec sa compagne et 30 000 euros en liquide[1]. Il est finalement libéré à la suite d'un vice de procédure en juillet 2011, et en profite pour fuir au Maroc où il se cache toujours,

1. Claire Andrieux, *La Guerre de l'ombre, le livre noir du trafic de drogue en France*, Paris, Denoël, 2020, p. 150.

continuant ses activités illicites malgré la condamnation à vingt ans de prison décidée par le tribunal de Chartres en 2014. Bouch' de Dreux est aujourd'hui le huitième trafiquant de cannabis le plus recherché par l'Ofast, l'Office anti-stupéfiants. Depuis, l'acheminement de la drogue continue de passer par Dreux, il suffit de lire la rubrique « faits divers » de *L'Écho Républicain* pour constater que les arrestations avec saisie de drogue sont régulières. En septembre 2020, c'est le petit frère de Bouch' de Dreux lui-même qui a été arrêté, Nordine. S'il n'est à ce jour pas condamné, la justice a décidé de le maintenir en détention en septembre 2021, après qu'un *go-fast*, transportant 396 kilogrammes de résine, a été intercepté en août 2020. À ce jour, la police estime qu'une tonne arrive à Dreux chaque mois, à raison de 250 kilogrammes par semaine.

La drogue ne fait pas que transiter par Dreux, elle y est aussi vendue. Il suffit de se promener aux Oriels pour constater que le trafic de stupéfiants s'effectue en toute impunité. Au pied de la tour d'Hawa, sur le parking qui s'étend entre les immeubles, quelques jeunes tiennent le mur. Ils servent les clients qui ne descendent même pas de leurs véhicules. Ici, on sert en *drive-in*, la transaction se fait par la fenêtre baissée de la voiture. Depuis 2018, le quartier est classé QRR, quartier de reconquête républicaine. C'était même aux Oriels que Christophe Castaner avait annoncé le déploiement de ce nouveau dispositif. Depuis, la police drouaise a été renforcée de trente nouveaux fonctionnaires, un renforcement qui semble porter ses fruits si l'on en croit les chiffres avancés par la police, qui a annoncé avoir enregistré une hausse des saisies de 40 % en 2021 par rapport à 2020.

Depuis quelques années, Adama, le fils de Hawa, prête main-forte au réseau, c'est l'une des petites mains qui guettent et vendent au quartier. La situation est connue de tous, y compris des éducateurs qui connaissent bien Adama. Le garçon a la réputation d'être très dur et totalement perdu. L'année passée, le conseil de discipline de son lycée voulait l'exclure pour son comportement virulent et son absentéisme chronique. L'adolescent est finalement resté au lycée grâce à l'intervention des éducateurs. Dans les faits, il continue l'école buissonnière et le trafic de stupéfiant. Quand Hawa me parle de son fils, son propos est tout à fait déroutant. Elle disserte sans détour sur sa paranoïa de le voir traîner avec de mauvaises personnes mais nie totalement son implication et ses problèmes scolaires. « J'ai de la chance, il travaille bien à l'école et il aime surtout rester à la maison », me dit-elle d'abord. Elle concède ensuite adopter une posture de surveillance permanente vis-à-vis de son fils qui ne convient pas vraiment à sa description d'un garçon tranquille. « Il y a des tentations, se justifie-t-elle. Je ne veux pas qu'il tombe dedans, alors je ne veux pas qu'il traîne avec les mauvaises personnes. » Hawa veut savoir en permanence où son fils se trouve, où il va, avec qui il sort, et pour quelle raison. « Il y a des mères qui se fatiguent, mais moi je suis en permanence derrière son dos, m'explique-t-elle. Quand je l'appelle, c'est en FaceTime pour savoir s'il est bien là où il me dit qu'il est, sinon, il sait bien que je viens le chercher. Ah non, moi je ne me fatigue pas, je suis déterminée, je ne lâcherai pas l'affaire ! » Hawa raconte même être allée le chercher une fois. « Il était posé en bas avec ses potes – je ne sais même pas si je dois dire ses potes, ses collègues du quartier disons –, qui traînent dans des trucs louches. Il ne répondait pas à mes appels, eh bien je suis descendue. J'ai tout laissé en plan, je suis descendue, et je me suis assise avec eux ! » Elle rigole. « Il était gêné ! Et ses copains aussi ! Finalement, ça a marché, il est rentré à la maison sans faire d'histoires ! »

Son récit me laisse perplexe, car la situation de son fils est connue dans le quartier, et attestée par plusieurs personnes qui connaissent bien la famille. J'en viens à douter de sa détermination à ne pas le lâcher. Peut-être cherche-t-elle à présenter la situation et son éducation sous un rôle meilleur, ou du moins plus conforme à l'idée que l'on se fait d'une mère volontaire. Je comprends rapidement que ce déni est en fait une réaction de protection et d'honneur, un refus d'avouer les carences familiales dans un petit quartier où la réputation et le capital symbolique sont précieux quand on est dépourvu de tout le reste.

Je veux pourtant bien croire qu'il ne soit pas aisé d'imposer à son fils de seize ans de rester à la maison et de ne plus voir ses copains. Comme beaucoup de jeunes de son âge, Adama passe beaucoup de temps dehors. Il faut dire que l'appartement familial est un peu étroit pour une famille de cinq enfants. « Moi, j'ai ma chambre, ma fille a sa chambre, et les quatre garçons dorment dans la même pièce, explique la jeune femme. Ce n'est vraiment pas idéal, j'aurai aimé que mon fils aîné puisse avoir sa chambre. Là ils sont entassés, on n'a même pas la place de mettre une armoire dedans. » Alors Adama sort pour retrouver ses copains entre les quelques tours qui pointent vers le ciel. Les bancs publics, le petit stade de foot, ou même les halls d'immeuble quand souffle le vent ou tombe la pluie, offrent un cadre bien plus propice à leur retrouvaille et au trafic. « Je n'arrive pas à le faire rester à la maison, confesse-t-elle, pourtant je fais en sorte qu'il ne manque de rien, qu'il n'a pas besoin d'argent ! L'autre jour, il m'a demandé un iPhone, il voulait un iPhone 8, et bien je lui ai acheté un iPhone 11. Comme ça, il ne manque pas, il ne sera pas tenté. Après, il paraît que ce n'est pas bien de trop les gâter… Je ne sais pas… » Noël Diankolela connaît bien le jeune Adama et sa maman. « Beaucoup de mamans ne savent pas dire non. D'abord elles disent oui à tout parce qu'elles veulent gagner leur amour, ensuite elles disent oui parce qu'elles veulent gagner la paix, puis elles disent oui par déni, puis elles disent oui parce qu'elles n'ont plus le choix ! »

Comme Hawa, Madame Diallo a mesuré la difficulté d'élever un garçon dans un quartier populaire où le trafic de drogue offre des perspectives d'enrichissement rapide. À quelques années d'intervalle, les histoires se ressemblent, son fils a frayé avec les caïds du quartier, passant ses soirées dehors quand il faisait beau ; dans les halls ou l'habitacle des voitures quand il faisait froid. « Je ne savais jamais où il était, se souvient-elle. Je ne pouvais rien faire. J'avais beau lui dire de rester à la maison, il sortait quand même. » Depuis son enfance, Ablaye est turbulent, sa scolarité se passe mal, il ne veut rien entendre. « Les garçons, c'est compliqué, ça ne parle pas du tout comme une fille. Mon fils était trop fermé, il ne parlait pas du tout ! » Aujourd'hui encore, ce constat semble l'étonner.

Pour Madame Diallo, c'était encore l'époque où elle travaillait le soir à la piscine municipale de Houdan. « Je revenais tard le soir, je n'étais pas vraiment là pour le surveiller, alors évidemment il faisait ce qu'il voulait », dit-elle simplement. Madame Diallo décide de l'envoyer une première fois chez son frère, au Sénégal, pour qu'il change d'air, qu'il quitte l'environnement nocif de Dreux. « Un jeune garçon comme lui, sans ses amis, il perd ses moyens. En dehors du quartier il n'existe plus, c'est une bonne chose de les sortir du quartier qui peut constituer un poids phénoménal pour un jeune garçon de cet âge-là », juge Noël Diankolela, qui connaît aussi le jeune Ablaye. Un an plus tard, le garçon revient de son séjour sénégalais, mais le retour au quartier rime avec un retour aux mauvaises habitudes. L'enfant grandissant, les bêtises changent de proportion et le jeune garçon commence à fréquenter les dealers. « On ne savait jamais où il était, ni avec qui il était. Ça n'est pas du tout notre culture! Nous, on se connaît tous, les amis ils viennent à la maison, on ramène tout le monde, moi je leur prépare le mafé, le tiakri[2] ! »

Madame Diallo n'aime pas vraiment parler de cette période. À sa voix, on entend que l'époque fut rude pour cette femme débordée par un fils turbulent et taciturne. « C'est à ce moment-là que j'ai décidé d'arrêter de travailler le soir pour être plus présente. Ça a été un sacrifice, car j'avais besoin d'argent, mais bon. Il faut faire ce qu'il faut, n'est-ce pas ? » dit-elle, en haussant légèrement les épaules. En grandissant, Ablaye laisse peu à peu ses bêtises derrière lui, l'école n'est pas son fort, mais il s'est orienté vers un bac pro qui lui a offert un emploi de peintre dans le bâtiment.

2. Plats sénégalais.

Autant Madame Diallo que Hawa blâment l'absence des pères. Ablaye a perdu deux fois son père : en quittant le Sénégal d'abord, puis au décès de son père adoptif. Adama a aussi été élevé par un père adoptif après la séparation de ses parents quand il était tout jeune. « Si les hommes s'investissaient plus dans l'éducation, il y aurait moins de problèmes ! jure Hawa. Mon mari n'est pas assez présent auprès d'Adama. Une fois, il l'a empêché de sortir, et ça a marché. Comme quoi ça fonctionne. Mais ici, les pères ne sont pas après leurs enfants. Après, c'est le problème avec les hommes africains. Ils sont comme ça, ce n'est pas pareil que les gens d'ici. Faut le dire, ils s'en foutent royalement. » Quand elle parle, Hawa fait des petites pauses, comme si elle n'osait pas vraiment prononcer ces mots qui sonnent comme des anathèmes.

*

L'histoire de Dreux est l'histoire banale d'une petite ville qui a cru au miracle industriel. Durant les Trente Glorieuses, la région s'est couverte d'usines de génie électronique : Philips, Radiola, et tant d'autres s'y sont installées, profitant de la situation d'entre-deux de la ville. Ni vraiment en région parisienne, ni vraiment en province. En l'espace de quinze ans, la population a doublé, passant de 14 000 à 31 000 habitants, pour alimenter ces usines, qui devaient signer la prospérité de la ville. Autour du centre-ville tout à fait pittoresque, des grands ensembles d'immeubles poussent sur les hauteurs pour loger en urgence la main-d'œuvre venue du Maghreb et d'Afrique subsaharienne. Les Oriels, les Bâtes, le Lièvre-d'or sortent brutalement de terre, transperçant de leurs tours les abords de la ville. Une quinzaine d'années plus tard, le malaise communautaire éclate pour la première fois en France dans cette ville qui a changé si vite. En 1983, le Front National enregistre la première percée d'envergure de son histoire avec son candidat drouais, Jean-Pierre Stirbois et ses 16 %.

Les Oriels traînent la réputation d'être le quartier communautaire de la ville. Ici, le Maghreb voisine avec l'Afrique subsaharienne, le Pakistan et depuis peu, le Moyen-Orient. Les communautés cohabitent pacifiquement, mais elles se mélangent peu. « Tu ne vas pas trouver beaucoup de mariages mixtes », me prévient Noël. Au contraire, entre les appartements du quartier et les villages d'origine de certaines familles se nouent encore des mariages arrangés, entre cousins éloignés, négociés de parents à parents. « C'est moins dramatique qu'il y a dix ans, mais il y a encore des familles là-dedans », concède Cécile Plantureux, la directrice de l'IFEP, une association de prévention spécialisée. Dans les tours jaunies du quartier, et en particulier au sein de la communauté d'Afrique subsaharienne, les mariages arrangés continuent d'exister, et bon nombre d'hommes disposent de plusieurs femmes, souvent entre la France et le pays d'origine. Les sujets de polygamie et de mariages arrangés ne sont pas faciles à aborder. Les gens sont bien conscients que ces coutumes choquent en France, et ils n'en parlent pas ouvertement en dehors de leurs communautés. Les proches et certains travailleurs sociaux devinent ces réalités en se confrontant aux réalités administratives de ces familles. C'est par leurs témoignages que j'ai pu reconstituer les parcours de Madame Diallo et de Hawa, tout en grappillant dans le discours des deux femmes les confirmations que je cherchais.

Monsieur Diallo est mort en 2010, laissant derrière lui une femme et ses onze enfants. « Il n'est pas bon pour une femme de vieillir seule », m'explique Madame Diallo quand elle me parle de son remariage trois années plus tard. Son nouveau mari est un lointain cousin qui habitait à l'époque dans les Yvelines. Madame Diallo le connaissait de nom, comme tous ses cousins, mais ne l'avait jamais rencontrée. À l'époque, monsieur Diallo n'avait pas de papiers, il était arrivé en France quelques années plus tôt, mais n'avait pas réussi à trouver une situation stable. Il est aujourd'hui citoyen français et travaille dans une déchèterie, un deuxième salaire bienvenu pour le foyer, mais qui est largement amputé par les sommes qu'il envoie au pays à sa deuxième famille. Car Monsieur Diallo était déjà marié, comme l'autorise l'Islam, et père de famille quand il épousa Madame Diallo en 2013.

Hawa a contracté deux mariages arrangés. La première fois, en 2004, elle n'avait que dix-huit ans, on lui promettait un cousin, fraîchement débarqué du pays pour la cérémonie religieuse. Pour les parents, ce mariage arrangé était l'assurance de voir leur identité soninké perdurer même sur le sol français. Venus en France dans les années 1980, les parents de Hawa ne se sont jamais vraiment intégrés, et voir leur fille épouser un Français n'était pas une option. L'époux fut donc trouvé au village, un homme que ne connaissait pas Hawa et qui ne savait rien de la France. « Quand je l'ai rencontré, il ne parlait même pas français », me raconte un proche de la famille.

Hawa accouche de son premier enfant peu de temps après son mariage, mais la venue de ce premier-né n'arrime pas l'époux au foyer. Le travailleur social qui accompagne la jeune fille l'aide tant bien que mal, mais son mari capte tout l'argent du foyer que Hawa touche au titre du RSA et des allocations familiales, et les dilapide en jeu et en voyages pour rentrer au pays. Hawa proteste, refuse le rôle de femme soumise qu'il lui assigne. La jeune femme n'est pas née au Mali, et malgré toute son éducation, elle refuse cette vie qu'on lui impose. Elle se plaint, lui intime de rester auprès d'elle, rien n'y fait. Mais son mari se lasse de cette femme insoumise qu'on lui a donnée. Il finit par quitter le foyer, laissant la jeune femme seule avec son enfant. Elle n'a que dix-neuf ans. Hawa retourne alors chez ses parents, qui prennent soin de l'enfant. « Aujourd'hui encore, c'est le préféré des petits-enfants », rigole Hawa. Mais il n'est pas bon pour une femme de rester seule, surtout quand elle a un enfant. Quatre ans plus tard, en 2009, un voyage dans le village de la famille est programmé. C'est la première fois que Hawa se rend au Mali, elle découvre son village, le pays soninké, une multitude de parents et un nouveau mari. Une fois encore, on lui promet un cousin qu'elle ne connaît pas. Quand elle rentre aux Oriels, un mois plus tard, elle est une femme mariée. Quelques mois plus tard, c'est au tour de son mari de poser ses bagages aux Oriels.

Les femmes en situation de polygamie comme Madame Diallo le subissent plus qu'elles ne l'acceptent. « Vous ne trouverez aucune femme qui soit contente de partager son mari », m'explique Mylène, une éducatrice spécialisée qui travaille plus particulièrement auprès des femmes. « Elles l'acceptent parce qu'elles n'ont pas le choix et que c'est un inconscient culturel dont il est très difficile de se défaire. Même pour des femmes qui sont nées en France ! C'est la même chose pour les mariages arrangés. Pour la plupart des jeunes filles, ça n'est pas vécu comme une violence, c'est simplement comme ça que ça se passe, et elles ont l'exemple de leurs parents qui se sont mariés de la même manière et qui s'aiment, qui vivent encore ensemble après des dizaines d'années. » Seulement la France n'est ni le Mali, ni le Sénégal, et malgré le communautarisme qui peut prévaloir dans certains quartiers comme aux Oriels, les jeunes filles évoluent aussi dans d'autres cercles de sociabilités, à l'école notamment, générant une confrontation entre les valeurs portées par la famille et les valeurs portées par la République. Mylène se souvient ainsi d'une jeune fille terrifiée à l'idée de son prochain voyage au Mali. « Elle était en quatrième, au collège, se souvient Mylène. Ses parents l'avaient prévenue qu'il était temps pour elle de se marier. Elle était terrifiée, elle me disait qu'elle devait s'enfuir. La jeune fille a finalement été placée en foyer, loin de sa famille. Elle n'a aujourd'hui encore plus aucun lien avec eux, et mène une vie indépendante, loin de Dreux. »

Sur les neuf filles de Madame Diallo, huit sont mariées. Leur mère me montre une photo, elles posent toutes sourire en robes bleues aux mêmes motifs de wax qu'affectionne l'Afrique de l'Ouest. Elle énumère en désignant ses filles : « Celle-ci est mariée, avec un Togolais, celle-ci avec un Sénégalais, celle-là avec un Congolais, celle-là avec un Malien, celle-ci avec un Guinéen, et la dernière avec un Français. » Elle repose son portable. « On a toutes les nationalités, chez moi, c'est la coupe du monde ! » ajoute-t-elle en rigolant.

La mère de famille se réjouit de tant de diversité dans sa famille. « J'ai même un petit-fils métis ! », me dit-elle, ravie. « Avant on était plus communautaires. On ne se mariait qu'entre Sénégalais, et même qu'entre Peuls. Maintenant, ça a changé, et c'est bien comme ça. »

Madame Diallo est l'exact inverse des parents de Hawa. Ceux-ci ne concevaient pas un mariage en dehors de leur village soninké pour leur fille, quand Madame Diallo a vu ses filles du même âge ramener des fiancés de nationalités différentes. Pourtant, chez les Diallo, on a toujours vécu à l'heure sénégalaise, dans un quartier où de nombreuses familles faisaient de même. « Les Oriels, c'est un petit bout d'étranger en France », décrit Noël Diankolela quand je le rencontre pour la première fois. Depuis son arrivée en France, Madame Diallo a toujours conservé son mode de vie sénégalais, la famille se rend d'ailleurs au pays chaque année, pour un mois ou deux. Des années durant, le couple Diallo a économisé tout son argent pour acheter un appartement à Dakar. Une fierté pour Madame Diallo qui me montre des photos de l'appartement qui s'élève sur plusieurs étages dans le quartier de Parcelles. Toutes ces années, Madame Diallo a emmené sa famille chaque été au pays. Aujourd'hui, les membres de la famille profitent de cette maison secondaire à tour de rôle. « Ma fille aînée se rend pour les vacances de Noël pour deux semaines. C'est important pour ses enfants d'y retourner. »

Longtemps la matriarche a parlé peul à la maison. « Mon mari décédé voulait qu'on le parle pour que nos enfants le parlent. C'est pour ça que mes filles le parlent très bien, mais que mes derniers beaucoup moins, sauf Ablaye qui y a passé deux ans quand il était adolescent. »

Au fil des années, les principes éducatifs de Madame Diallo ont doucement changé, et sa dernière fille a reçu une éducation plus européenne. « Avec le temps, on évolue, concède-t-elle en haussant les épaules. Ce n'est plus la même chose, les derniers sont plus gâtés, c'est certain ! » À côté d'elle, Mariama se fait toute petite, mais son visage s'étire d'un sourire coupable. « Elle, là, elle me demande ma carte bleue pour s'acheter des habits sur internet ! Et ma carte de tickets-restaurants, je n'en vois pas la couleur, je ne sais même pas comment elle fonctionne ! »

Aujourd'hui encore, elle ne peut ni lire ni écrire le français. « J'ai essayé à un moment, mais c'était trop tard, je n'y arrivais pas », dit-elle en haussant les épaules. Des années durant, c'est sa fille aînée qui lui lisait ses courriers, l'accompagnait à la Caisse d'allocations familiales, rédigeait les lettres. Aujourd'hui, c'est Mariama, la petite dernière, qui s'en charge. « Et il y a une difficulté en plus pour ma mère, souligne-t-elle, c'est que maintenant tout est dématérialisé. Alors là, elle est complètement perdue. Du coup, j'enregistre mon adresse mail, comme ça, je peux m'en occuper directement. » À côté d'elle, sa mère sourit.

*

Madame Diallo me donne congé, il est presque vingt et une heures. « Je me lève tôt demain ! » J'avais presque oublié, lever à cinq heures pour être au travail à six heures. Je lui souhaite bon courage, elle me répond que la retraite est pour bientôt. Autour de nous, Mariama s'active pour ranger le thé et les beignets aux poivrons qu'elle nous avait servis. « Vous voyez, je suis bien entourée », me dit-elle en désignant sa fille d'un coup de menton. Madame Diallo ne s'inquiète pas pour l'avenir, elle sait qu'elle peut compter sur ses enfants pour subvenir à ses besoins. « C'est comme ça chez nous », sourit Mariama. La jeune fille suit des études pour devenir aide-soignante auprès des personnes âgées et de la petite enfance. « Comme ça, je pourrai prendre soin de ma mère, dit-elle. Pas question de la laisser vieillir dans une maison de retraite. »

Vénissieux
Les Minguettes

—

Mokrane

La voix des quartiers

Mokrane connaît bien la Guillotière, il y a passé les quatre premières années de sa vie, avant de déménager aux Minguettes à Vénissieux. Non pas qu'il s'en souvienne, mais il y est souvent revenu, avec ses parents, puis tout seul. La Guillotière est un quartier de Lyon un peu particulier, le Barbès de la capitale des Gaules, dit-on. L'endroit a toujours été un quartier d'immigration, depuis quelques décennies, ce sont les Marocains qui s'y pressent. Habituellement, les vieux *chibanis* moustachus cohabitent avec les jeunes immigrés qui tentent d'écouler leurs stocks de cigarettes de contrebande, quand ce n'est pas du shit. Mais ce jour-là, le décor est tout autre : les *chibanis* ont été remplacés par les CRS, les trafiquants par des groupes antifascistes. Jordan Bardella est en visite du quartier pour l'émission de Jean-Marc Morandini, *Face à la rue*. La première émission avait fait un carton d'audience, à l'époque le presque candidat à l'élection présidentielle Éric Zemmour s'était rendu à Sarcelles. Ce jour-là, le président par intérim du Rassemblement national est à la Guillotière, mais le chahut provoqué par les antifascistes a transformé la place Gabriel-Péri en scène d'émeute.

Mokrane accompagne l'animateur et le tout jeune homme politique, il doit donner la réplique à l'élu qui fustige devant la caméra « l'alliance » entre les dealers et les antifascistes, et une immigration « incontrôlée ». Entouré par les vigiles de CNews, malgré les cris et la musique, Mokrane se défend : « À chaque élection, on va nous remettre la question de l'immigration dans les pattes, alors que nos quartiers sont abandonnés depuis plus de trente ans, défend-il. Il y a une ultra-minorité qui prend en otage la majorité. La majorité des gens travaillent, et leurs enfants vont à l'école. »

Mokrane a été contacté par les équipes de Jean-Marc Morandini quelques jours plus tôt. Habitant des Minguettes, ce chauffeur Uber est un militant associatif et politique depuis des décennies, il essaie de faire entendre la voix des quartiers dans le débat public, local et national. Depuis deux ans, il intervient de temps à autre à l'antenne. Il est devenu un des interlocuteurs privilégiés des médias, surtout locaux, toujours en quête de fixeurs avec qui entrer dans ces endroits pas toujours accueillants. Pour la télévision, l'enjeu est de taille, car les contraintes du format privilégient les personnes qui s'expriment clairement et de façon concise, qui savent avancer quelques idées fortes en quelques mots, qui tiennent en quelques secondes d'interview et qui s'isolent facilement au montage. Mokrane est passé maître en cet art, son verbe est clair, cinglant, et il sait placer quelques expressions fortes, qui feront la joie des journalistes. On retrouve son nom dans plusieurs reportages, principalement ceux du *Progrès*, le quotidien local. Depuis quelques années, il intervient sur l'antenne locale de BFM, et plus récemment sur l'édition principale de la chaîne. Pour CNews, c'était la première fois. « Oui, je suis un peu leur “Monsieur banlieue” reconnaît-il en souriant, mais au moins, on nous entend. Au moins, on donne la parole à des vrais habitants. Les vrais experts, c'est nous ! »

*

Mokrane habite aux Minguettes depuis toujours, il a grandi dans les tours de Pyramide, travaillé à la Darnaise, traîné à Monmousseau… À cinquante-cinq ans, il est une figure du quartier. Depuis ses dix-sept ans, il milite pour ses habitants, au sein d'associations, dans l'équipe municipale, au micro de BFM. Mokrane est un enfant de la Marche des beurs. Il n'y a pas participé, il était trop jeune, mais tout son militantisme s'inscrit dans la lignée de l'état d'esprit et d'espoir qui a suivi les événements de 1983. À l'époque, le jeune homme a dix-sept ans, il se souvient clairement des violentes émeutes de l'été 1981, de la colère et de l'optimisme qui ont suivi.

« Tout commence toujours par l'ennui », retient-il, pensif, quand je lui demande comment a commencé son engagement. Assis sur un banc du quartier des Pyramides, celui qui l'a vu grandir, Mokrane reste quelque temps silencieux, avant de commencer son récit. Il se souvient des après-midi passés en bas des tours, avec les copains. En 1981, quand les quartiers prennent conscience de leur existence, Mokrane a quinze ans. Un soir de juillet, un grand du quartier de Monmousseau, Toumi, est blessé par la police. Le quartier s'embrase et avec lui toute la ZUP, la zone urbaine prioritaire. C'est le début de l'« été chaud des Minguettes », ces formidables émeutes qui vont durer jusqu'en septembre. Pendant deux mois, les voitures ont brûlé à Monmousseau, à Pyramide, à la Darnaise, Léo-Lagrange... La tension est montée à mesure que se renforçait la pression policière. « Je me souviens surtout du gaz lacrymogène, se souvient Mokrane. Cette odeur âcre qui te prend à la gorge, qui t'arrache les larmes et te donne l'impression d'étouffer. » Entre les barres d'immeubles, les CRS chargeaient, en face, les jeunes répliquaient avec leurs pierres et leurs projectiles. « C'était quelque chose », se souvient-il en souriant.

Les émeutes ont couru jusqu'au mois de septembre. En tout plus de 200 voitures ont brûlé. Les télévisions nationales ont relayé les images des carcasses calcinées. L'événement fut médiatisé à outrance, et Vénissieux a acquis la réputation de banlieue infréquentable, tandis que la France découvrait ces quartiers de grandes tours à l'abandon, où s'entassait déjà une population pauvre bien souvent issue de l'immigration. Dans les colonnes de la presse, les journalistes parlaient pudiquement du « malaise des grands ensembles », on pensait alors que ces émeutes étaient sporadiques. Quarante ans plus tard, rien ne semble avoir changé et les mêmes émeutes éclatent périodiquement.

Mokrane est l'un de ces fils d'immigrés né en France, dont les parents sont des Maghrébins venus travailler dans les usines alentour. « Mon père était comme les autres, il est venu en France dans les années 1950 pour travailler à l'usine. Dans les mines en Savoie d'abord, puis dans une fabrique de télévisions. Il voulait amasser un peu d'argent, et rentrer au pays. Mais la situation a perduré, il a fait venir ma mère quelques années plus tard, avec ses trois enfants, et puis il n'est jamais rentré. » La famille s'installe à la Guillotière, dans un de ces appartements misérables où s'entassaient les immigrés. « Il n'y avait qu'une seule pièce et les toilettes étaient sur le palier. On a déménagé aux Minguettes en 1970, c'est l'assistante sociale de mon père à l'usine qui lui avait trouvé un appartement. Pour nous, les Minguettes c'était le luxe, l'appartement était grand, moderne, propre… ! Je n'avais que quatre ans, mais je me souviens de la lumière, ça changeait de là où on était avant », raconte-t-il.

L'histoire familiale de Mokrane est celle de milliers de Maghrébins de deuxième génération, fils de ces *chibanis* venus faire tourner les usines de la France des Trente Glorieuses. Cette deuxième génération ne connaît le bled que par les quelques séjours estivaux et la tradition transmise, et à l'instar de Mokrane, en 1981, ces jeunes rêvent en français. Seulement, le chômage, la pauvreté, l'éloignement géographique les confinent aux marges de la société française. « Dès la cinquième, on nous orientait vers les filières manuelles pour qu'on devienne comme nos parents, de bons ouvriers. Moi je ne voulais pas aller en Mécanique générale comme les autres, alors je suis parti dans le privé. C'est mon père qui a payé, le pauvre, il voulait que je m'en sorte. »

Deux ans après les émeutes de 1981, la violence s'est transformée, canalisée, pour donner naissance à un formidable mouvement, totalement inédit en France. Des jeunes de banlieue ont pris la route de Marseille à Paris pour réclamer cette considération qu'on leur a toujours refusée. Menée par Toumi, Farouk ou le curé des Minguettes, la « Marche des beurs » marque l'avènement d'une identité de quartier. Pour la première fois, la banlieue prend conscience d'elle-même. Aux Minguettes, l'atmosphère est électrique, Mokrane a désormais dix-sept ans. « J'étais trop jeune pour participer, j'étais encore mineur, raconte-t-il. J'avais la rage, je voyais tous les grands passer, toutes les caméras, les journalistes, on se disait que c'était historique! Et on avait raison! »

Au lendemain de la Marche, dans les quartiers, l'heure est aux associations d'habitants, que la toute nouvelle politique de la ville subventionne à coups d'aides publiques. Mokrane et quelques camarades s'embarquent dans l'aventure et créent une association de quartier dédiée à l'accompagnement des jeunes, à la prévention de la délinquance et à l'accompagnement à l'emploi. « Avec ma grande gueule, je suis devenu président de notre petite association. On ne se démerdait pas trop mal, on discutait avec les élus, c'est là que j'ai commencé à comprendre comment marchait le monde associatif. » Tout juste élu à la présidence de la République quand éclate l'« été chaud des Minguettes » en 1981, François Mitterrand engage une politique de revalorisation de ces quartiers désertés des Blancs comme des services publics. La petite structure présidée par Mokrane s'insère dans le maillage d'associations qui voit le jour. « On organisait des choses pour les plus jeunes, des ateliers de sensibilisation, on les emmenait en sorties, en vacances, à la mer ou la montagne. C'était bien! » sourit-il.

« On était dans la dynamique de la Marche, le mot d'ordre c'était l'intégration, même si on n'aimait pas ce mot. On voulait être des citoyens à part entière. » Rapidement, la petite structure attire les regards du Fonds d'action social, du ministère de la Jeunesse et des Sports, et de militants du logement comme la Confédération nationale du Logement, Cadredeville ou le Comité des mal-logés. Mokrane se fait doucement remarquer, il trace lentement son chemin. En 1993, le jeune homme devient même le plus jeune candidat aux élections législatives. Sa candidature est lancée par un collectif, France Plus, qui entend faire entendre la voix des jeunes de quartiers. « J'hallucinais complètement, j'avais vingt-sept ans ! Les gens nous prenaient pour des fous, on n'était que des Arabes des Minguettes. Mais on a fait le buzz, on a parlé de nous, il y avait même des télévisions américaines, japonaises qui sont venues nous voir. On a montré qu'on voulait participer à la vie politique », dit-il. Vingt ans plus tard, il continue toujours à fricoter avec les urnes. En 2007, il intègre l'équipe municipale du communiste André Gerin. Mais dès les premiers jours de la nouvelle équipe municipale, Mokrane déchante : « Il m'avait promis une grosse commission, et je me suis retrouvé adjoint au maire. Pour moi, c'était une trahison, on venait encore une fois de me marcher dessus. » Le divorce se consume quelques années plus tard, en 2011, quand Mokrane somme le maire de s'expliquer sur une de ses saillies, où il soutenait que l'immigration n'était pas une chance pour la France. « Ça a été une claque en pleine figure, raconte Mokrane, alors j'ai quitté le groupe pour siéger en indépendant. »

Quelques années plus tard, Mokrane rejoint l'équipe emmenée par Yves Blein, un ancien socialiste encarté à La République en Marche. Là encore, l'histoire se termine mal, Mokrane claque la porte de la liste qui échoue à se faire élire. Eux accusent le quinquagénaire d'opportunisme et d'arrogance. Lui répond qu'une fois encore, il a joué les cautions banlieue pour une liste qui se fiche des Minguettes et de ses habitants. « C'est classique, on prend un Arabe pour attirer les voix des Minguettes, mais on le met en dix-neuvième position, derrière des inconnus qui ne se sont jamais investis pour la ville. Oui, je reconnais, c'était trop pour moi. » Mokrane est fatigué de voir les quartiers populaires servir de faire-valoir à des candidats en quête de légitimité populaire. « On est là pour la photo, mais personne ne veut nous écouter. » Après avoir louvoyé entre les partis, picorant chez les communistes, chez les socialistes et chez LREM, Mokrane songe désormais à lancer une initiative pour les élections législatives de 2022. « Maintenant, il faut qu'on y aille nous-mêmes. On est en train de réfléchir à tout cela, mais il faut qu'on prenne les choses en main. »

*

Au centre social Eugénie-Cotton, de l'autre côté de la voie du tramway qui coupe le plateau des Minguettes en deux, Naïma Bendjeddou est sur tous les fronts, de la jeunesse aux mamans isolées en passant par l'aide à l'emploi. Depuis 1991, Naïma a touché à tous les pôles du centre social des Minguettes. « J'ai tout fait, les enfants, les ados, les familles… » Assise dans la cour intérieure du centre, elle me raconte son parcours : fille d'immigrée, elle a grandi dans un quartier de l'agglomération lyonnaise avant d'intégrer une fac de psychologie. Un peu plus âgée que Mokrane, elle avait vingt ans en 1981 quand éclatent les émeutes. « C'était notre Mai-68 à nous, rigole-t-elle. On croyait qu'on allait tout changer. » Des années plus tard, comme Mokrane, ses illusions se sont un peu évaporées, mais pas le feu qui anime son action auprès des habitants du quartier. « On est là pour aider les gens. Mais les lendemains qui chantent, on sait bien qu'ils n'existent pas. » Les mouvements militants des banlieues et les espoirs qu'ils portaient sont morts comme sont morts tous les autres mouvements de la même époque. « Ce n'est pas bien différent du syndicalisme », remarque-t-elle, entre deux bouffées de cigarette. Naïma se considère comme appartenant à la dernière génération militante. « Ça n'intéresse plus les jeunes, ils n'ont aucun sens du collectif. Ils ont le sens du groupe oui, mais pas de la cause commune. On est passé d'un rapport collectif à un rapport individuel. »

Mokrane est moins pessimiste. Après tout, il n'est pas de très bon ton de désespérer de la jeunesse, surtout quand on traîne dans les milieux associatifs et politiques, il se réjouit de voir des jeunes s'engager. « C'est de plus en plus difficile de mobiliser les gens autour de projets communs au sein du quartier, et en particulier les jeunes, soupire-t-il. Nous, à l'époque, on avait le feu, on voulait changer le monde. Aujourd'hui, les plus malins veulent se faire du pognon à Dubaï, les plus crétins dealent pour s'acheter les dernières baskets. »

*

Sur la place de la Darnaise, Mokrane et Yassine se retrouvent pour prendre un café sur un banc, au pied des longues tours blanches. Les gens vont et viennent sur la petite place bétonnée où se blottit un supermarché vieillissant. Mokrane connaît bien ce quartier, voisin des Pyramides, il y a planté son camion de pizzas entre 1997 et 2002. Yassine est un de ses vieux copains, les deux compères ont le même âge, peu ou prou. Devant moi, ils débattent du quartier, de la jeunesse, de cette époque, où décidément rien n'est plus comme avant. La formule n'est pas l'apanage des éditorialistes conservateurs, on la retrouve chez beaucoup d'anciens de la génération de Mokrane, comme Yassine. Mokrane, assis à côté de lui écoute, acquiesce en silence, tempère les emportements de son ami, qui sont ceux d'une génération coincée entre des responsables politiques qui ne les représentent pas, et une jeunesse qu'ils ne comprennent plus. « Il n'y a plus de respect, aujourd'hui, plus de respect des anciens, plus de respect des profs, plus de respect pour rien », se désole-t-il. À Mokrane, il énumère toutes les incivilités auxquelles il a dû faire face ces derniers jours. Le p'tit Mounir, le grand Mehdi, les noms se succèdent, les motifs d'anathème aussi. « Le dernier, il a accroché ma voiture, je suis sorti, il m'a dit : "Va te faire enculer." La tête de moi, Mokrane, il n'a pas compris ce qui lui est arrivé. J'étais avec des copains, des vrais anciens voyous, pas des p'tites frappes comme maintenant, je te jure, il a baissé la tête, il a demandé pardon. »

Yassine est un ancien, comme Mokrane il est arrivé à l'âge de six ans aux Minguettes, à la Darnaise plus précisément, en 1973. Il n'a jamais quitté le quartier. La prolifération du deal sur le plateau et les incivilités qui vont avec ont achevé de précipiter Yassine dans une colère permanente. « Ils sont dans mon immeuble, jure-t-il. Ils coupent leurs marchandises dans les escaliers, sous mes yeux. Je suis désolé, les petits, ils n'ont pas à voir ça ! » Yassine ne s'arrête plus, il voit manifestement en moi l'occasion de vider le sac de sa colère. « Tous les soirs, j'ai de la musique à ma fenêtre jusqu'à 23 heures, parfois. Avant-hier, ils ont tiré des mortiers, même pas sur la police, juste comme ça, pour rigoler. »

La santé de Yassine est fragile, il sort d'un cancer du côlon qui lui a imposé plusieurs chimiothérapies, il traîne en plus un méchant diabète, et les piqûres d'insulines qui vont avec. Yassine se sent à l'étroit dans sa vie d'ancien, coincé entre les jeunes du quartier qu'il ne supporte plus et des autorités qu'il accuse d'entretenir la misère. « La police ne fait rien parce qu'ils ont des ordres de ne rien faire. On laisse faire pour que les jeunes fassent leurs affaires et qu'ils ne sortent surtout pas pour emmerder les riches des centres-villes. Et tant pis pour nous », tempête-il à grand renfort de gestes. La mairie ne trouve pas davantage grâce à ses yeux. Bastion communiste, Vénissieux est toujours administrée par le PCF. « Les communistes vivent sur la misère des gens, plus il y a de la misère, plus on vote pour eux », répète-t-il. Il enfonce ses mains dans les poches, Mokrane reste silencieux.

En vingt ans, le trafic a explosé aux Minguettes. Dans les années 1980, 1990, la criminalité des Minguettes était celle des braqueurs. Aujourd'hui, c'est le deal qui tient les cités. La drogue apparaît aux Minguettes dans les années 1990, d'abord timidement. À l'époque, on deale du shit, la cocaïne n'a pas droit de cité, les trafiquants savent qu'à trop se frotter à la drogue dure, ils risquent d'attirer les enquêteurs de l'anti-drogue. Le cannabis reste sous les radars, et sa plus faible valeur ajoutée est compensée par le nombre bien plus important de consommateurs qu'il concerne. Dans les ruelles des quartiers de Pyramide, La Darnaise, ou Monmousseau, on distingue aisément les points de ventes aux quelques silhouettes qui zonent devant les bâtiments. La vente se fait dans les halls, autour, les petits guettent la venue des policiers. Les points ouvrent généralement à midi, certains sont plus matinaux et ouvrent vers 10 heures. Quand les copains viennent tenir compagnie aux quelques-uns qui guettent ou vendent, ce sont cinq, dix, quinze parfois vingt adolescents qui traînent devant les halls ; bloquant le passage des habitants, qui supportent la musique assourdissante, les cris et les éclats de rire, parfois jusque très tard dans la nuit, pour le plus grand malheur de Yassine, qui habite dans un immeuble occupé par les dealers. « Je les entends jusqu'à 23 heures, ça me rend fou, mais qu'est-ce que vous voulez que je fasse ? » demande-t-il en levant les bras.

Si les « fours » des cités de la drogue continuent à tourner à plein régime, le deal a adopté depuis quelques années la livraison depuis des *call centers*. En un appel, la barrette de shit (cannabis) vous est livrée au pied de votre immeuble. Sur Instagram, WhatsApp et Twitter, les « Uber shit », « Allo Weed », « Uber coke », et autres « Delivr'weed » se sont multipliés. « Si ce phénomène date du milieu des années 2010, l'usage de la livraison, notamment grâce aux réseaux sociaux, s'est accentué durant le premier confinement et a survécu aux restrictions de déplacement. Les utilisateurs comme les trafiquants ont vu l'intérêt de ces canaux de distribution », nous confirmait Stéphanie Cherbonnier, la directrice de l'Ofast, l'Office anti-stupéfiants.

Les dealers livrent en scooter, mais aussi en Uber. Mokrane s'est bien rendu compte du manège quand il a embarqué à plusieurs reprises des jeunes garçons du quartier, qui planifiait une course à plusieurs arrêts dans les rues de Vénissieux ou de Lyon, avant de retourner au point de départ. « Je ne suis pas crétin, me dit-il, je vois bien qu'ils sortent d'un immeuble où je sais qu'il y a du deal. Mais qu'est-ce que je peux faire ? Ils nient en bloc, je n'ai pas moyen de le prouver, et moi, je ne peux pas trop me permettre d'annuler une commande. »

*

Le temps passe, la fin de l'après-midi approche, et la place de la Darnaise commence à s'activer. Des habitants affluent doucement vers le supermarché et la boulangerie, chacun prépare la rupture du jeûne qui est pour bientôt. Mokrane observe le ramadan, pas Yassine qui est malade. Aux Minguettes, durant le Ramadan, l'activité s'essouffle, les gens préfèrent éviter de sortir pendant la journée, ils se retrouvent plutôt le soir, après le repas. L'ambiance est festive, les jeunes et les moins jeunes partagent des boissons, des narghilés.

« Quand il fait beau, les gens dînent dehors, mais là on est en avril, il fait encore un peu froid, assure Yassine. Tu vois, ça, c'est le vrai Islam, ce n'est pas comme les fous qu'on a ici ! Moi je les appelle les Dark Vador, tu vois de qui je veux parler ? » me demande-t-il, mi-amusé, mi-excédé.

J'acquiesce comprenant qu'il me parle des femmes vêtues du *jilbab*, ce grand vêtement islamique féminin qui recouvre tout le corps, en laissant une simple ouverture pour le visage.

« Tu vois, on parlait de l'esprit des anciens, de la Marche pour l'égalité. Ça, c'est l'échec de notre génération ! »

À côté de lui, Mokrane tempère ses propos.

« Oui, enfin, il n'y en a pas non plus beaucoup, on parle d'une ultra-minorité !

– D'accord, Mokrane, lui répond son camarade. N'empêche qu'ils sont là, et qu'à notre époque, il n'y en avait pas. On ne peut pas les sentir, poursuit-il en se tournant vers moi. Tout ça ne vient pas d'ici, c'est arrivé avec les réfugiés politiques du GIA[1] à la fin des années 1990, c'est à ce moment-là qu'ils ont commencé à engrainer tout le monde, à infiltrer les mosquées, les associations. »

Quelques mois avant ma venue à Vénissieux, la Cour des comptes a publié une note sur les Minguettes dans laquelle est pointé le communautarisme islamique du quartier. « Le quartier est marqué par un fort communautarisme et un islam de plus en plus rigoriste. Des femmes suivent les préceptes de la religion musulmane et s'habillent traditionnellement. Si beaucoup d'entre elles le font par conviction, il est probable que certaines s'y voient contraintes par la pression familiale et sociale », peut-on lire dans ces pages. Le rapport de la Cour des comptes

1. Le Groupe islamique armé (GIA) est une organisation terroriste islamiste se revendiquant d'une idéologie salafiste djihadiste qui fut créée lors de la guerre civile algérienne. Après l'élection d'Abdelaziz Bouteflika à l'élection présidentielle, une loi d'amnistie fut promulguée qui bénéficia aux membres du GIA, dont certains émigrèrent en France.

s'appuie sur des constats d'acteurs locaux et municipaux, qui, selon le rapport ont relevé « des problèmes de comportement, la promotion d'un autre mode de vie, la multiplication des incidents quotidiens, un phénomène d'entre-soi sur une base religieuse, une marginalisation progressive des femmes ».

Pour Mokrane, les Minguettes ne sont pas plus concernés par les problèmes de communautarisme qu'un autre quartier. « Ce n'est pas un fief, ni un laboratoire de l'islamisme, il y a des comportements déviants, comme dans beaucoup de quartiers, mais la plupart font leurs affaires dans leur coin. Quand la République disparaît, que l'intégration ne fonctionne pas, des projets de société alternatifs émergent, c'est logique. La nature a horreur du vide », juge-t-il.

Si une famille a bien symbolisé l'échec de l'idéal d'intégration de la Marche des beurs, c'est bien la famille Benchellali. Mourad en est le dernier fils, je l'ai rencontré grâce à Mokrane avec qui il est ami. Mourad a passé deux ans dans la prison américaine de Guantanamo avant d'être extradé vers la France et la prison de Fleury-Mérogis. À l'époque, une forte mobilisation au sein du quartier, notamment emmenée pour Yassine et Mokrane, avait demandé l'incarcération de Mourad et son compagnon d'infortune, Nizar Sassi, en France. En juin 2001, deux mois avant les attentats du World Trade Center, les jeunes garçons sont partis en Afghanistan où ils se sont retrouvés sur les camps d'entraînement d'al-Qaïda en compagnie d'Oussama Ben Laden. L'année suivante, en 2002, le frère de Mourad, Menad, est arrêté puis expulsé en 2010 pour avoir préparé des attentats dans le cadre des filières tchétchènes. Leur père est expulsé à son tour en 2007 pour avoir tenu des prêches radicaux dans sa mosquée à la Darnaise.

J'ai rencontré Mourad dans un café de Vénissieux, un après-midi de juin, il a accepté de me raconter son histoire, de me raconter son quartier. Quand il s'envole pour l'Afghanistan avec de faux papiers en 2001, Mourad a vingt ans, un CDI, une copine. « Je n'étais pas du tout dans les délires islamistes, jure-t-il. Je ne savais pas du tout dans quoi je m'embarquais quand je suis parti. Cela faisait des mois que mon frère me parlait de l'Afghanistan, il me racontait à quel point le pays était beau, à quel point l'islam était pur là-bas. Moi je l'écoutais pour lui faire plaisir, et j'ai fini par accepter de partir. Pour moi, c'était une façon de tromper l'ennui. Je savais qu'il y avait un parfum d'interdit, c'était ce qui m'excitait. L'Afghanistan, c'était *badass*, mon frère m'avait dit que je pourrai tirer à la kalach' dans des champs ; il ne m'a jamais parlé de camps d'entraînement. Après, évidemment, c'est ma faute, je ne fuis pas mes responsabilités. Je n'ai rien fait pour me renseigner d'une autre manière que ce que mon frère me racontait, alors que je savais que sa conception de l'islam était extrémiste. » À l'époque, Mourad est un enfant comme les autres des Minguettes, sans histoires, sans problèmes, qui cherche à tromper l'ennui d'une vie de petit banlieusard. Il est le fils de l'imam de la Darnaise, un homme respecté dans le quartier pour sa piété, dont l'aura a été consacrée par sa capture en Bosnie en 1993 par les troupes serbes. « Je me souviens avoir vu sa tête aux infos, à la télévision. Je ne comprenais rien, et le lendemain, les autres enfants venaient me féliciter, parce que mon père "défendait les enfants musulmans" », se souvient Mourad. Parmi les enfants Benchellali, Menad est le plus religieux. « Lui, c'est un vrai islamiste, il attendait l'État islamique, soutenait les Talibans, voulait imposer la *charia*. Il l'a dit devant les journalistes d'ailleurs. Moi je m'en fichais, je voulais juste partir d'ici. »

Dans les années 1990 pourtant, l'ambiance était différente, et l'heure était à un islam bien plus conquérant. Déjà dans les années 1980, les Tablighs commencent à sillonner le quartier. Ce mouvement d'origine indo-pakistanaise entend ré-islamiser les musulmans. Vêtus de *qamis*, arborant la barbe longue, ils prêchent un islam fondamentaliste, pacifiste, mais replié sur lui-même. Viennent ensuite les Frères musulmans, plus modernes que les Tablighs, ils entendent porter la voix des musulmans dans la société française. Ils sont jeunes et bien organisés, et c'est à Lyon en 1987 que naît l'UJM, l'Union des jeunes musulmans. L'organisation gravite dans la mouvance fériste, elle se rapproche de Tariq Ramadan, petit-fils de Hassan al-Banna, le fondateur des Frères musulmans, jusqu'à se fondre un temps dans l'organisation Présence musulmane, qui entend promouvoir la pensée de l'islamologue.

L'UJM récupère l'énergie de la Marche pour l'égalité, ses aspirations politiques, en la colorant toutefois de religion. « Ils ont commencé à tourner autour des jeunes, des associations, mais nous, ça ne nous intéressait pas », se souvient Mokrane. Si les jeunes de 1981 n'aspiraient à rien d'autre qu'à s'intégrer, à devenir des Français comme les autres, eux revendiquent leur particularisme et leur identité musulmane. « L'ambiance de la Marche des beurs, c'étaient les joints, la drague, la religion, c'était un truc de vieux, racontait en 2003 au *Monde* l'un des fondateurs de l'UJM. Nous, au contraire, nous mettions l'islam en avant. À cette époque, nous étions des radicaux. Nous n'avions pas peur de crier "*Allahu Akbar!*" dans nos manifestations[2]... »

Rapidement, l'UJM prend ses quartiers aux Minguettes où elle est populaire au sein de la jeunesse. L'organisation, particulièrement active, est bien perçue dans les médias et par les pouvoirs publics, sensible à son discours de responsabilisation de la jeunesse et son travail de prévention de la délinquance. C'est sous l'œil bienveillant de la mairie communiste d'alors que s'organisent aux Minguettes, quatre années durant, les congrès annuels de l'UJM, où se pressent des prédicateurs proches des Frères musulmans. « C'étaient des événements énormes, se souvient Mokrane, il y avait un immense chapiteau, et des gens qui venaient de la France entière. » À partir de 1995, les Frères musulmans subissent la concurrence des salafistes, dont les rangs grossissent avec l'arrivée de militants du GIA aux Minguettes.

Les tenants d'un islam fondamentaliste sont toujours présents aux Minguettes, plus discrets, moins politisés, mais ils sont bel et bien là. « Ils pratiquent dans leur coin, font profil bas sur le quartier. En revanche, il y a beaucoup de jeunes qui investissent les réseaux sociaux comme TikTok. Ils ne parlent pas de politique, ils préfèrent parler de mœurs, d'identité », juge Mourad Benchellali. Youssef est l'un de ces musulmans fondamentalistes qui prône un islam très conservateur en retrait de la communauté nationale. « Moi, je respecte les lois de la République, je ne fais rien de répréhensible. On me dit que je n'ai

2. « Les associations de jeunes musulmans prennent leurs distances avec Tariq Ramadan », 23 mai 2003, *Le Monde*.

pas le droit d'avoir quatre femmes, je n'ai pas quatre femmes », se défend-il. Le jeune homme ne s'en cache pas, la France, la République lui semblent bien abstraites : « Je me concentre sur ma famille, mes proches, la religion », dit-il, en se revendiquant du salafisme quiétiste, cette branche fondamentaliste de l'islam qui promeut une application stricte de la loi islamique tant qu'elle ne dérange pas l'ordre en place. Son apparence n'est pas celle des salafistes qui aiment porter le *qamis*. Il m'explique toutefois éviter de couvrir ses chevilles, un signe caractéristique des salafistes qui cherchent l'imitation du prophète jusque dans ses moindres détails et ses références théologiques parlent pour lui : Muhammad Nasir-ud-Din al-Albani, Mohamed Ali Ferkous, Saleh Al-Fawzan, Abd al-Aziz ibn Baz, autant de savants très appréciés des salafistes.

*

Mokrane regarde l'immense tas de débris fumant qui s'élève à plusieurs mètres de hauteur de l'autre côté de la rue, derrière un grillage de chantier. Il y a quelques jours, le 2 avril, la barre de Monmousseau a sauté, détruite dans un grand nuage de fumée. « C'était impressionnant », me dit-il, pensif. D'abord, les charges ont explosé, une centaine de geysers de débris blancs qui s'élèvent en l'air comme un ballet de fontaine. Il y avait comme un air des grandes eaux de Versailles dans la destruction de la barre. Les 25 000 tonnes de béton se sont effondrées dans un grand fracas, emportant avec elles les histoires des 50 000 personnes qui se sont succédé entre ces murs depuis 1967.

« On détruit Monmousseau, c'est le quartier le plus proche du centre-ville, alors on veut faire sauter ce verrou avec le plateau des Minguettes », m'explique Mokrane. Le militant est nostalgique. « Monmousseau, c'est là où tout a commencé, poursuit-il. C'est ici que Toumi s'est fait tirer dessus en 1981. Un fait divers à l'époque, mais qui a provoqué le réveil des quartiers. Aujourd'hui, qu'est ce qui reste de la Marche? » Mokrane m'emmène un peu plus loin, au pied des dernières tours qui restent debout. Sur les murs de béton des portraits sont peints à la bombe aérosol. Ceux de Toumi, et d'autres jeunes, figures de la Marche pour l'égalité. « Il ne reste que ça : pas grand-chose, hein ? »

Roubaix
L'Alma

—

Karim

L'Ancien

Karim ne deale plus, non, tout cela est derrière lui. Karim s'est rangé, il travaille de temps en temps, s'est marié, a une fille de deux ans. Après un mois de séparation provisoire avec sa femme – chaque couple connaît ses hauts et ses bas – durant lequel il s'en était retourné chez ses parents, le voilà rabiboché, installé dans un nouvel appartement au cœur du quartier de l'Alma, à Roubaix, avec sa femme et sa fille.

« Ma fille, c'est ma vie », tance le gaillard. Karim est un costaud, son visage est mangé par une épaisse barbe hirsute et sombre, et dans ses yeux noirs et perçants, on lit toute la violence qu'il confesse volontiers. Seulement, quand Karim vient à parler de sa fille, ces deux yeux s'illuminent et adoucissent ce visage aux traits marqués, comme taillés à la serpe.

Karim est un enfant de l'Alma, ce quartier compliqué de Roubaix. Pire, il est un enfant d'Archimède, cette rue qui enfile les points de deals ; « point chaud parmi les points chauds », m'en dira un policier habitué des descentes là-bas. Son enfance, il la passe dans les rues de briques rouges, à fuir les policiers dans les coursives, à se battre sous les passages. « L'école, ce n'était pas mon truc, je suis allé jusqu'en quatrième, après j'ai arrêté. J'avais déjà commencé les conneries, à me battre, à dealer un peu. Mais quand j'ai arrêté, je suis vraiment tombé dans la vraie délinquance », me raconte-t-il en tirant sur sa clope.

Karim a eu une enfance émaillée de violence, la sienne. Il a grandi dans une famille nombreuse – neuf enfants – d'un père marocain et d'une mère algérienne. Lui est né en France, à la différence de ses deux aînés, nés au bled. Dans l'appartement fiché à l'intersection des rues Archimède et Stephenson, son père impose une éducation stricte, traditionnelle, ancrée dans les principes de l'islam, qu'il pratique avec ferveur. Dans le quartier, on reconnaît la droiture de cet homme pieux, qui n'a jamais aligné sur les étals de son épicerie la moindre goutte d'alcool. Les enfants l'accompagnent à la mosquée, apprennent l'arabe coranique, et subissent ses colères quand ils manquent de respect aux professeurs, aux voisins. Les principes de ce père sévère n'empêchent pas le jeune Karim d'embrasser la rue, ses règles, ses opportunités, sa violence. « Il a eu une enfance violente », se souvient une employée du centre social, situé à une centaine de mètres de chez lui. Karim ne le cache pas. « J'étais fou, je me battais tout le temps. Il suffisait que tu me regardes un peu de travers, et bim, je rentrais dedans. »

*

J'ai rencontré Karim un après-midi de juin, alors que je traînais à l'intersection de la rue d'Archimède et Stephenson, connue pour abriter l'un des plus gros points de deal de la ville. L'intersection des rues Stephenson et Archimède n'est pas un point de passage, l'endroit est reculé par rapport à la rue de l'Alma, artère principale du quartier. Un type comme moi n'a rien à y faire, si ce n'est acheter une barrette de shit ou un sachet de cocaïne. La veille, des émeutes avaient secoué le quartier, elles m'offraient un bon moyen de commencer la discussion. Des petits avaient arrosé une patrouille de police, jusqu'à ce que quelques excités envoient quelques coups de pied dans la carrosserie neuve de la voiture. Le commissaire alerté avait décidé d'envoyer plusieurs véhicules en renfort pour rappeler l'ordre républicain. À proximité du point de deal, là où se concentrent la tension nerveuse et une jeunesse tumultueuse, un contrôle a mal tourné. Des insultes ont été échangées, et l'un des jeunes embarqué sans ménagement. En moins de temps qu'il ne faut pour le dire, la nouvelle a fait le tour de l'Alma, et à la nuit tombée, les jeunes ont soulevé le quartier. Des poubelles ont été brûlées pour attirer les policiers, qui ont été accueillis à coups de patates, d'oignons et de quelques mortiers tirés depuis les toits.

J'abordai deux jeunes qui traînaient à quelques mètres du point de deal pour qu'ils me donnent leur version des faits. La discussion s'engage, les deux compères ne se font pas prier, et notre conversation attire quelques passants, parmi lesquels Karim, qui rentrait de chez ses parents. « C'est encore parti d'une violence policière, s'énerve-t-il. Ils sont arrivés comme des brutes, ils ont frappé Ahmed », me dit-il en pointant un jeune homme d'une vingtaine d'années. Karim n'aime pas les policiers, il ne s'en cache pas, il a passé sa vie à les fuir, dans les passages et les courées qui fourmillent dans ce quartier bien singulier.

L'Alma traîne sa réputation d'infréquentable. Le quartier est confiné au nord de la ville, coincé entre la jolie gare en pierre de taille et poutres métalliques et la rocade qui sépare la ville de Tourcoing et la Belgique. Ici, pas de grandes tours ni de longues barres d'immeubles, le bâti est bas, pas plus de deux ou trois étages, et il reprend les codes architecturaux de l'habitat de courées, traditionnel dans le nord de la France. À la fin des années 1960 pourtant, l'idée de la ville était de raser les maisons ouvrières de briques rouges pour y installer des grands ensembles, comme cela se faisait partout en France dans les quartiers populaires. La mobilisation des habitants, attachés à leurs maisons, eut raison de ce projet, et le quartier fut réhabilité plutôt que détruit. Les nouveaux bâtiments construits s'insérèrent dans le bâti préexistant. Aujourd'hui encore, la lutte de ces habitants pour préserver leur quartier fait office de modèle de réussite dans les milieux militants de gauche.

Dans les années 1970, l'Alma faisait figure de quartier expérimental, censé signer la fin des échecs des grands ensembles, sa forme urbaine devait répondre au délitement du lien social observé ailleurs. Ici, pas de tours fichées dans le sol, mais une organisation en îlots : une ceinture de bâtiments enserre un espace privatif commun aux habitations qui l'entourent. Des passages, bien souvent couverts, permettent d'y accéder. Certaines rues, comme la rue Frasez, sont toujours composées de bande de maisonnettes identiques, qui rappellent les corons ouvriers. Dans les autres, des immeubles filent le long de la chaussée. Au premier étage, des coursives privées longent la rue et desservent les logements. Ces coursives ont été pensées comme les courées d'antan, des espaces privés mais communs, pour soutenir la sociabilité des habitants.

Aujourd'hui, l'Alma est le cimetière de cette utopie quasiment oubliée. La drogue, la pauvreté et la concentration de populations pauvres et immigrées ont eu raison de l'idéal. Jusqu'en 2017, Roubaix était la ville la plus pauvre de France, et l'Alma un des quartiers les plus pauvres de Roubaix. Comme Karim, 40 % de la population est au chômage et les deux tiers vivent sous le seuil de pauvreté. Le quartier porte les stigmates de cette pauvreté et de l'abandon dont il est l'objet. Sur les terrains vagues, les ordures s'entassent, le long de la rue de l'Alma, quelques voitures abandonnées stationnent, sans plaque d'immatriculation ni roues. Et puis il y a le deal.

Quand on marche avec Karim, le quartier s'ouvre comme un bourgeon au printemps. Sans lui, il n'est qu'un enchevêtrement orthogonal de ruelles sales, rouges, où les passants semblent hostiles à l'étranger que je suis. Avec lui, il devient chaleureux, il faut s'arrêter tous les dix mètres pour saluer un cousin, un voisin, une connaissance, prendre quelques nouvelles. Les habitants, autrefois imperméables, deviennent accessibles. Karim me fait visiter le quartier, il m'indique de temps à autre les points d'intérêts : « Ici c'est un point de dure, il a rouvert après avoir été fermé » ; « Là, ça ne vend que de la douce, mais il est indéboulonnable depuis des années. » Il y a en tout cinq points de deal à l'Alma, deux d'entre eux proposent de la drogue dure – cocaïne, héroïne – les trois autres se contentent du cannabis, vendu en barrettes de résine (le shit), ou en sachet d'herbe séchée (la beuh, ou weed).

Au coin de deux petites rues, un petit magasin d'alimentation générale tient le croisement. Sa façade, blanchâtre et sale, contraste avec le rouge sombre de briques des bâtiments alentour. L'établissement est petit, une porte qui ouvre sur le carrefour, et deux fenêtres, une sur chaque façade du magasin. Les stores métalliques sont à moitié fermés, et sur l'étroit trottoir, une table de plastique a été sortie pour supporter les cafés des trois gaillards qui profitent du soleil de juin. À notre approche, les regards se tournent vers moi, l'étranger. Ils sont suspicieux, obliques, sous les sourcils froncés. « Il est avec moi », prévient simplement Karim. À l'unisson, les sourcils se détendent et les regards deviennent rieurs. « Salut, ça va ? », m'adressent-ils chacun leur tour, en me présentant leur paume tendue. Nous passons le pas de la porte, l'intérieur du magasin est assez minable, des conserves traînent ci et là sur quelques étagères. Au fond, un comptoir de restauration rapide prend la poussière.

« Tu veux quelque chose ? me demande le jeune homme assis derrière. On a des paninis, des crêpes, des burgers…

– Juste un café, merci », je réponds. Je fouille mes poches pour trouver l'euro et demi affiché au feutre sur la vitre du comptoir, mais Karim dégaine plus vite. « Pas question, c'est pour moi », dit-il d'un ton autoritaire. Ici, comme ailleurs, impossible de payer mes cafés.

Notre café englouti, nous reprenons notre promenade. « Tu vois, ici, ils vendent de la douce, m'explique Karim un peu plus loin. C'est pratique pour les clients qui peuvent acheter à manger ou prendre un café. En parallèle, ils blanchissent leur argent avec le magasin. Un bon business ! »

Le deal n'est pas nouveau à l'Alma, et beaucoup d'habitants s'en accommodent. « C'est comme ça », lâche simplement le gérant d'un café de la rue de l'Alma. « On ne propose rien aux jeunes », enchérit un client, accoudé au zinc. Le deal est profondément ancré dans le quartier, et les uns et les autres le justifient comme ils peuvent. « Le problème, ce sont d'abord les gens du centre-ville qui viennent acheter ici », souligne le patron derrière son comptoir, oubliant par là qu'une partie de la vente se fait pour des consommateurs du quartier.

En remontant la rue d'Archimède, une tête dépasse d'une coursive, ces couloirs extérieurs qui filent au premier étage le long des appartements. Le numéro 87 de la rue est un point de deal connu, et du haut de ce chemin de ronde, un guetteur scrute le bout de la rue. Outre le guet, les coursives sont aussi de parfaits postes de caillassage quand le quartier s'embrase, tout autant qu'un labyrinthe de couloirs, de toits, et d'escaliers pour semer les policiers. « C'est notre château fort, rigole Karim. *Wallah*, on se mettait là-haut et on canardait. Dans le temps, on descellait les dalles au sol pour les balancer sur le pare-brise des bagnoles. À l'époque, le rap disait “Bienvenue dans les cités où la police ne va plus[1]”. C'était vraiment le cas. Aujourd'hui, c'est différent, ça s'est calmé », veut-il croire. Le bailleur social Lille Métropole Habitat (LMH) a déjà dépensé 450 000 euros pour enlever ces dalles et couvrir les toitures de plaques lisses. Ils ont bloqué les accès aux toits par de lourdes plaques de métal, et l'une des places adjacentes à la rue d'Archimède, la place de la Grand-Mère, a même été privatisée. Il faut désormais passer une grille

1. Passi, « Les Flammes du mal », 1997.

gardée par un vigile pour y accéder. À terme, l'objectif est de supprimer tout simplement ces coursives.

Depuis 2018, le quartier fait partie du programme de reconquête républicaine. Ce programme accorde des effectifs de police supplémentaires de CRS. Ces CRS ne viennent pas de la région, ils sont détachés de la région marseillaise, et leur rôle consiste à occuper le terrain, et non à dialoguer avec les habitants qu'ils ne connaissent d'ailleurs pas. « Les CRS sont les pires, m'explique Djamel, un jeune garçon qui traîne sur le point de deal, au lendemain des émeutes. Autant dans la police normale, il peut y avoir des cons, autant eux, ils sont là pour nous faire chier. » Régulièrement, la police passe, et déclenche son concert de cris d'avertissement : ici comme à Marseille, on crie « Akha ». Les contrôles sont fréquents, mais ils arrivent par grappe. Les jeunes sont habitués, ils sourient, se laissent fouiller et lâchent un « À demain », quand les agents les quittent bredouilles pour regagner leurs véhicules. « On sait qu'on ne va pas forcément trouver de produit stupéfiant, m'explique un gardien de la paix habitué du quartier, mais l'objectif est de leur rappeler qu'ils ne sont pas les maîtres des lieux, qu'il y a des lois, et que ce ne sont pas eux qui dictent les règles. »

Il est vrai qu'entre les rues d'Archimède et Stephenson, les réseaux de deal surveillent discrètement les allers et venues des inconnus au quartier. Quand on s'y promène, il ne faut que quelques minutes avant qu'une voiture ne s'arrêtent à votre hauteur pour vous demander si vous cherchez quelque chose, ou quelqu'un. Votre présence n'est pas habituelle, elle est suspecte, alors on vérifie. Si par malheur, vous sortez votre téléphone pour prendre en photo l'enfilade des bâtiments de brique, les questions deviennent menaces. « Pas de photo, pas de photo, ou je te casse les genoux. » Pas de photo donc. Lors de mon premier séjour à Roubaix, Quentin Bachelet, le commissaire adjoint, m'avait emmené faire un petit tour de la ville, une balade touristique de points de deal en points de deal. En civil, dans sa voiture personnelle, il ne fallait que quelques minutes avant que le concert de cris d'avertissement ne commence. Ceux qui crient ne sont pas forcément des dealers, ils peuvent être des voisins et même des enfants. Aux abords de l'Alma, c'est un tout jeune garçon, pas plus âgé que douze ans, qui a lancé l'alerte. Perché sur son gros moto-cross, sans casque, il a commencé à tourner autour de la voiture, en scrutant avec attention le commissaire en civil. « Eh poulet, on t'a reconnu ! s'est-il soudain exclamé. T'es pas le bienvenu ici, rentre chez toi ! » crie-t-il en faisant hurler sa moto. Sur ma demande, nous rebroussâmes chemin. Je ne tenais pas vraiment à ce qu'on me voie en compagnie d'un policier, aussi sympathique soit-il, puisque je comptais revenir dans le coin.

*

L'Alma est l'objet d'une attention toute particulière des autorités, et comme beaucoup de ces quartiers minés par la pauvreté, l'insalubrité, et le trafic de drogue, il fait l'objet d'un vaste chantier de renouvellement urbain piloté par l'ANRU, l'Agence nationale pour la rénovation urbaine. Seulement, changer la coquille d'un quartier ne peut suffire à en résoudre les problèmes. « Il n'y a pas d'habitat qui est en soi criminogène, explique François Dreux de LMH, il n'y a que des détournements d'usage. » Conformément aux principes de la loi Borloo de 2003 sur le renouvellement urbain, l'objectif est donc de transformer la sociologie du quartier pour favoriser la mixité sociale. « Le projet initial de l'Alma aurait pu fonctionner si le peuplement avait été maîtrisé », glisse-t-on à la Métropole européenne de Lille.

L'objectif à moyen terme du plan de renouvellement urbain est de détruire des logements sociaux pour rééquilibrer la part de logements privés. Sur le quartier, 80 logements seront détruits, 300 réhabilités. Au total, 400 familles seront relogées dans toute la métropole. Au cabinet de Dominique Baert, le vice-président de la Métropole européenne de Lille, ses équipes veulent croire que cette mixité adviendra. « On ne sait pas quand, reconnaît-on, mais la proximité du quartier avec la gare est un vrai atout. » Seulement, la mixité sociale ne peut pas tout régler, car pour attirer une population plus aisée, le quartier doit d'abord changer. Or « l'Alma ne présente pas les conditions minimales pour que la mixité soit possible, expliquent les conseillers de Dominique Baert. Ni en termes de sécurité, ni en termes de service ou d'emploi. »

Durant le mois de juin, la police a multiplié les opérations. Quentin Bachelet, le commissaire adjoint d'alors, me soulignait l'importance de ces opérations destinées à « améliorer le cadre de vie des habitants ». « On est là pour accompagner la rénovation urbaine, disait-il. Ça passe par une lutte contre les points de deal et des interpellations des vendeurs, mais aussi par l'enlèvement des voitures-ventouses (les carcasses de voitures) qui favorisent le squat. Ça passe aussi par la lutte contre l'économie souterraine, qui empêche des commerces plus qualitatifs d'émerger. »

Seulement, si la police enregistre des réussites, le deal s'adapte au gré des opérations. « Quand ils ont vidé le 66, rue Archimède, et qu'ils ont muré l'entrée, le point s'est déplacé de quelques maisons », remarque ainsi Karim, assis à l'angle des rues Archimède et Stephenson. La police reconnaît elle-même que démanteler un point de deal est une affaire complexe. « Il faut soit du flagrant délit, soit une enquête très approfondie », souligne Quentin Bachelet. Un autre policier de la ville souligne aussi les difficultés : « Même quand on perquisitionne une cache, que l'on y trouve un ou deux kilos, le suspect peut encore argumenter qu'il n'était pas au courant, que beaucoup de monde passe chez lui, qu'il n'est pas coupable. »

Quarante ans après la vaste opération urbaine qui voulait en finir avec la misère de quartier de l'Alma-Gare, la nouvelle opération de renouvellement urbain ne convainc pas. Un promoteur privé, bon connaisseur des quartiers prioritaires de l'agglomération lilloise, explique son scepticisme : « À Lille-Sud, un autre quartier prioritaire, l'opération de renouvellement a dix ans. On ne peut pas dire que la mixité espérée ait eu lieu. Les gens ne veulent pas y habiter. » À l'Alma, les habitants peinent eux aussi à croire à la mixité. « Ça ne changera jamais, désespère une maman accompagnée de ses enfants. Qui veut que ses enfants traînent ici ? Regardez, autour de vous, toutes les capsules de gaz hilarant ! » Là est toute l'ambiguïté de l'approche par le renouvellement urbain : la mixité sociale est censée résoudre les problèmes sur le long terme ; mais pour permettre cette mixité, bon nombre de ces problèmes doivent être réglés à court terme.

*

Karim me donne systématiquement rendez-vous au 14, rue Stephenson. L'endroit n'est pas anodin, c'est un point de deal, l'un des plus importants du quartier. Au début, je proposai de nous poser dans un café pour discuter tranquillement, mais Karim préfère rester ici. On discute debout, près de la voiture, ou à l'intérieur, s'il fait froid. Le café vient à nous, Nassim a pris l'habitude de nous rejoindre. C'est un ancien lui aussi, trente-sept ans, comme Karim. Il vit chez sa mère, juste au-dessus, et quand on arrive, il descend avec ses tasses chaudes. Avec Karim, je suis le bienvenu dans cet endroit qu'évitent les autres habitants. Au fur et à mesure que je m'y rends, les trafiquants commencent à me reconnaître et à m'associer à l'ancien qui m'introduit. Karim est un ancien; les jeunes en faction devant le point, jamais âgés de plus de vingt ans, le traitent avec respect. Karim est un dur, il le sait, il en joue. Sur le point, il est chez lui. Il octroie, magnanime, quelques cigarettes aux deux guetteurs qui s'ennuient en attendant le prochain client, la prochaine patrouille de police. Les deux garçons obéissent quand il leur demande de débarrasser ses détritus, il les moque un peu, sur leur physique adolescent ou leurs copines dont ils arborent fièrement les photos.

L'endroit est connu de tous comme étant « la cave ». Le nom est d'ailleurs écrit en grand sur le mur. « C'est un graffeur connu qui a fait ça », me dit Nassim. Adossés au muret, deux adolescents tiennent le point : Rayan et le Chinois. Ils viennent de Clichy. Le Chinois parle peu, Rayan est plus volubile. Lui et son compère ont seize ans, ils sont arrivés voilà un mois et demi. Auparavant, ils étaient à Marseille, cité des Oliviers, et plus tôt encore à Saint-Ouen. Rayan et le Chinois sont des phénomènes relativement récents en France et tout à fait nouveaux à Roubaix. Si ces « dealers détachés », s'observent depuis quelques années à Marseille ou à Toulouse, il y a quelques mois encore, le commissaire Bachelet me disait que Roubaix en était préservée. « On a des types qui bossent dans d'autres quartiers que ceux d'où ils viennent, me disait-il au mois de juin 2021, mais quand on procède à des interpellations, on ne tombe pas sur des jeunes qui viennent de région parisienne. » Le trafic évolue vite, il s'adapte pour adopter les meilleurs procédés de distribution.

D'un point de vue opérationnel, Rayan et le Chinois présentent de nombreux avantages. Mineurs, ils ne risquent pas grand-chose de la police. Étranger pour l'un, isolé pour l'autre, aucune mère, aucun oncle, ne va venir les chercher et leur tirer les oreilles pour les remettre à l'école. Ici, ils n'ont pas d'attaches, pas de liens affectifs, pas de dettes. Ils sont là pour charbonner. « C'est un drame pour le quartier, explique Nordine Jeffali, qui dirige le pôle jeunesse du centre social situé à une dizaine de mètres de la rue d'Archimède. Quand on n'avait que des jeunes du quartier qui dealaient, au moins, on savait comment leur parler, on pouvait passer par les grands frères, leurs parents. Avec ceux-là, on a aucune prise sur eux. »

Entre deux clients, Rayan est d'accord pour discuter. « Quel âge tu me donnes ? », me demande-t-il, en écartant les bras. Avec des taches de rousseurs, ses dents de travers et son teint pâlot, le garçon a une tête d'adolescent mal dégrossi, tout juste sorti de l'enfance. Je propose « Vingt ans », pour ne pas le vexer. Il exulte : « *Wallah*, il m'a donné vingt ans ! » Rayan ponctue ses phrases de mots arabes, pourtant le jeune garçon n'a aucune origine étrangère. À la manière d'un *start-upper* qui ne peut s'empêcher d'utiliser des mots anglais, il emprunte des mots à l'arabe, la langue qu'utilisent ses collègues de travail. Rayan et son comparse vivent à l'hôtel, pendant les heures de travail, un sandwich est prévu par l'employeur, mais pas les nombreux joints qu'ils se roulent et fument matin, midi et soir, et dont le prix est déduit de leur paie.

Rayan est en rupture familiale, il me le lâche à demi-mot, mais ne veut pas s'étendre sur le sujet. « Les problèmes de famille, tu connais », me dit-il simplement, quand j'aborde la question. Sa scolarité était chaotique, il a été exclu de plusieurs collèges, et a commencé à traîner. Traînant, il a commencé à dealer. En juin, il est tout simplement parti de chez lui. Il vit depuis la vie vagabonde du dealer itinérant. Vivant à l'hôtel, travaillant autant qu'il peut dans les cités où il élit domicile. « Ce taf', faut le faire à temps plein, sinon, ça ne vaut pas le coup », m'explique-t-il. Combien ça rapporte ? « 150 euros quand tu charbonnes, ce que je fais. Tu multiplies par 30 jours, continue-t-il en tapant les montants sur la calculette de son téléphone. Ça fait… 4 500 euros par mois, ouais c'est ça. » 4 500 euros. Je n'ai pas vraiment de moyen de vérifier. Son comparse acquiesce quand je lui demande confirmation. Karim aussi : « Ça rapporte, mon gars ! » Gagne-t-il réellement autant ? Probablement pas : Rayan travaille vraisemblablement un peu moins de trente jours par mois. À ce nouveau montant, probablement inférieur d'un tiers, il faut retirer les 900 euros qu'il paie pour loger à l'hôtel, et sa consommation personnelle de cannabis. « Je prends un “dix” le matin, un “dix” au déjeuner, un “dix” le soir ! » Me dit-il. Un « dix », c'est 10 euros de cannabis, soit environ un gramme et demi de résine de cannabis. Un gramme et demi permet en moyenne de rouler entre quatre et cinq joints. Avec trois « dix » quotidiens, Rayan fume donc entre douze et quinze joints par jour.

Depuis quelques années, le trafic a profondément changé à l'Alma. Jadis exclusivement tourné vers le cannabis, le quartier a intégré des drogues dites « dures », comme la cocaïne ou l'héroïne. Sur la rue de l'Alma, on distingue sans mal ces silhouettes fantomatiques qui trainent leurs quelques sacs vers la rue d'Archimède. Les yeux vides, le visage tuméfié par la drogue, le ballet des toxicomanes est régulier. Sur le point de vente de la rue Stephenson, les jeunes ne cachent pas leur mépris pour ces héroïnomanes, bien différents des autres clients. « Arf, les schlags, ils me dégoûtent », lâche Bilal, un jeune dealer. « Schlag », c'est le nom qu'on donne à ces clients clochardisés. À l'Alma, pas question pour ces toxicomanes de consommer sur place. « Qu'ils essaient ! » s'exclame crânement, un autre garçon. « Il n'y a pas de ça ici, ils peuvent acheter ici, mais ils savent qu'ils n'ont pas intérêt à se piquer chez nous », m'explique Karim. Alors ces tristes sires s'en vont comme ils sont arrivés, chancelants sur leurs frêles jambes, pour se poser sur le parvis de la gare, à cinq cents mètres de là.

La drogue dure n'est revenue à l'Alma qu'assez récemment. « Avant 2015, ça n'existait pas, explique Karim. Le premier point de drogue dure du quartier, c'est là-bas.

Avant, il tournait à 5 000 euros par jour, maintenant, avec la concurrence, il est plutôt à 2 ou 3 000 », explique-t-il en désignant d'un coup de tête le bas de la rue d'Archimède, où plusieurs jeunes stationnent devant une porte. Nous sommes toujours installés au 14, rue Stephenson. Le point en question est situé à quelque deux cents mètres, au 87 de la rue. Dans les années 1980, elle avait fait son apparition dans le quartier comme partout ailleurs en France, mais les ravages au sein des familles ont rapidement banni ces drogues des rues de l'Alma. « À l'époque, on faisait la chasse au toxico, me raconte un ancien, la cinquantaine, dans un café du quartier. On a vu des mères se faire braquer par leur propre fils pour avoir leur dose. » Trente ans plus tard, la « dure » est revenue à l'Alma. Cette fois-ci, les jeunes ne s'y opposent plus. Ils ont vu les formidables opportunités de gains que ces drogues en pleine expansion promettaient[2].

Ce point a été créé voilà quelques années par un jeune homme pressé. « Un petit gros, le genre mascotte du quartier, qui était toujours gardien dans l'équipe de foot. Quand il a commencé, il avait quoi, quinze ans ? » Interroge Nassim. La mascotte avait pour elle d'être obsédée par l'argent. Nordine Jeffali se souvient bien de ce jeune garçon. « Je me souviens de l'avoir emmené en

2. Selon Claire Andrieux, dans *La Guerre de l'ombre, le livre noir du trafic de drogue en France* (Denoël, 2020), « la cocaïne est devenue le produit rapportant le plus d'argent dans le trafic, probablement plus d'un milliard d'euros en 2019, selon plusieurs chercheurs de l'INHESJ, et de l'Observatoire français des drogues et des toxicomanies (OFDT) ». Elle estime à 650 000 le nombre de consommateurs réguliers, et entre 20 et 25, le nombre de tonnes consommé en France par an.

séjour quand il devait avoir douze ou treize ans, raconte Nordine Jeffali. Il avait 800 euros dans sa sacoche, qu'il avait gagnés en revendant des portables volés, ou en faisant du petit business. »

Cet amour de l'argent l'a précipité dans le deal. À quinze ans, il contacte des fournisseurs qui acceptent de le livrer. Mais le jeune garçon voit plus grand, et l'ambition du pressé l'a précipité en prison. En 2018, il se met en tête de « rafaler » un point de deal concurrent. La police l'a arrêté avec son arme automatique alors qu'il s'apprêtait à passer à l'action. À l'ombre pour un moment, il gère désormais ses affaires depuis sa cellule, sur place, ce sont ses petits frères qui tiennent le point. Tous ont moins de dix-huit ans.

« Rafaler » un point n'est pas commun à Roubaix, les règlements de comptes avec armes à feu sont rares selon Quentin Bachelet, aujourd'hui en poste en région parisienne. Mais les perspectives de gains décuplés par l'arrivée de la cocaïne et de l'héroïne, doublées de la jeunesse – et l'inconscience – des trafiquants ont accru la violence. Au centre social, tout proche de la rue d'Archimède, Nordine Jeffali en reste pantois. « En dix-huit ans, je n'avais jamais vu ça », dit-il. Depuis 2003, le travailleur social a vu le quartier et ses jeunes évoluer. « Cette nouvelle génération n'a plus le temps, elle veut faire de l'argent vite. Il ne s'agit plus de s'acheter une nouvelle paire de baskets, ils veulent rouler en AMG [un modèle de voiture Mercedes], et vite », explique-t-il.

Du haut de ses trente-sept ans, Karim aime aussi fustiger la nouvelle génération, et son discours se teinte de lieux communs tout à fait conservateurs : « De nos jours, les jeunes, ce n'est plus pareil. » Karim regrette une époque où le voyou se comportait avec honneur, avec respect. « Les petits ne cherchent que l'argent, l'argent, l'argent. Nous aussi, on voulait de l'argent, pour s'acheter un complet Lacoste, des nouvelles baskets. Mais eux, c'est autre chose, ils en veulent toujours plus. » Nous sommes toujours assis dans sa voiture, plantée devant le point de deal. Dehors, une femme passe, elle porte ses courses dans de grands sacs en plastique. Karim sort la tête par la fenêtre, et alpague Rayan qui roule son joint adossé au muret. « Qu'est-ce que tu attends, va l'aider, porte-lui son sac ! », tonne-t-il à l'adresse de l'adolescent encapuchonné. Le grand échalas accourt et saisit bien maladroitement les sacs de la dame et l'accompagne vers la porte de l'immeuble. « Pas comme ça, crie Karim en agitant le bras gauche par la fenêtre, tiens-lui la porte ! » s'agace-t-il. La dame et son porteur disparaissent dans l'embrasure de la porte. Karim se retourne vers moi. « Tu vois, tout n'est pas perdu pour eux ! »

Karim est très attaché à la figure du voyou bien élevé. L'image du dealer qui porte les courses de la maman qui passe est un lieu commun profondément ancré dans les représentations collectives, en particulier celle des dealers eux-mêmes. De tous les quartiers que j'ai pu visiter dans le cadre de cet ouvrage, il n'en est pas un où les dealers ne l'ont pas invoqué. Je pose toujours la question des nuisances occasionnées par le deal sur les habitants. Absolument à chaque fois, la réponse est la même – « On fait attention, on est bien élevés » – illustré par ce même exemple : « Quand on voit une maman avec des courses, on l'aide, on les porte jusque chez elle. »

*

Dans le quartier, tout le monde connaît Karim. Il tourne depuis trop longtemps pour passer inaperçu, et ses multiples séjours en prison ont fait de lui un homme respecté et craint. « Je n'ai pas d'ennemis, jure-t-il. Quand j'ai un problème, je m'explique toujours tête contre tête. J'ai besoin de personne, c'est droit, c'est franc. » Karim est un violent qui se contrôle. Dans sa voiture, il me montre ses mains couvertes de croûtes rouges : du psoriasis. « C'est le prix du contrôle, me dit-il en découvrant sa manche. J'y arrive, mais à l'intérieur, ça bouillonne. »

À l'âge de dix-neuf ans, Karim traînait déjà une belle réputation de tête dure dans le quartier. Un soir, un différend anodin avec quelques « grands » lui valut une violente correction, qui le fit disjoncter. « Ils m'ont fait la *hagra*, la misère, comme on dit chez nous en arabe, se remémore-t-il, ils se sont mis à six sur moi, j'étais plus petit qu'eux et surtout tout seul. » Quand Karim rentra chez lui, il était incontrôlable, il déboula chez un de ses amis qui habitait non loin pour lui emprunter le fusil qu'il gardait chez lui. Karim rattrapa ses agresseurs quelques rues plus loin et tira. Il tira, tira encore, et toucha la portière de la voiture derrière laquelle se cachaient les compères qui arrivèrent cependant à prendre la fuite.

« Heureusement que tu ne les as pas touchés tout de même, lui fais-je remarquer.

– Oui… t'as raison. Sinon, à l'heure qu'il est je sortirais à peine de prison, me répond-il. Il marque une pause. En même temps, après cet épisode, tout a changé, on ne me regardait plus de la même manière dans le quartier, j'avais ma réputation. »

Quelques jours plus tard, la voiture criblée de balles revint dans le quartier. Elle tournait à la recherche du jeune Karim pour lui régler son compte. Les compères tirèrent même sur son frère aîné. Il n'en fallut pas plus à Karim pour « perdre ses nerfs » une fois de plus. Mais ses aînés s'en mêlèrent pour le calmer. Une rencontre fut fixée avec les assaillants et leurs propres grands frères pour régler une fois pour toutes l'affaire. « Ils ont proposé de régler nos problèmes en un contre un, à mains nues. J'ai évidemment accepté, mais pas eux. Ils ont eu peur, ils se sont défilés, ça m'a suffi. »

À ce jour, Karim compte cinq séjours en prison. « En tout, j'ai dû passer cinq années derrière les barreaux », me dit-il. Il doit toutes ses incarcérations à sa participation au trafic de drogue, sauf une. Cette fois-ci, il était tombé suite à une virée en Belgique durant laquelle il a braqué un « bar à putes ». Il s'était bien échappé au volant de sa grosse BMW, mais son compère n'a pas su tenir sa langue et ses fanfaronnades sont remontées à la police française en quelques semaines. Il n'a pas fallu longtemps pour que Karim se fasse cueillir par les Belges à la frontière. En 2016, il est recherché une fois de plus. « Je me suis planqué chez mes parents des jours durant. Les bleus attendaient que je sorte pour m'avoir. Je ne voulais pas sortir, mais un jour ma mère m'a dit de me rendre, de purger ma peine une fois pour toutes. C'est ce que j'ai fait. »

Comme beaucoup, Karim n'a pas été traumatisé par la prison, vécue comme une extension du quartier. « Tu retrouves tout le monde, tu traînes avec les gens de chez toi. Ce n'est pas si mal, on est bien traité! jure-t-il. Pour certains, c'est même mieux que chez eux. Quand tu vois dans quoi certaines personnes habitent, ici, avec les rats, les cafards, l'humidité. En prison, t'as Canal + ! » Mehdi, un jeune dealer du quartier me le confirme depuis sa maison d'arrêt de Béthune. J'avais rencontré Mehdi sur le point de deal quelque mois plus tôt, au mois de juin. On avait discuté un peu, il m'avait donné son contact Snapchat, un réseau social populaire auprès des plus jeunes. Je l'avais contacté en arrivant, et je m'étais étonné auprès de Karim de ne pas avoir de nouvelle de lui. Il avait souri, me promettant une réponse à la nuit tombée. Ça n'avait pas manqué, le soir même, Mehdi avait récupéré un portable et via Snapchat, il m'avait répondu, m'envoyant une belle photo de sa cellule, où pendaient aux barreaux des stocks de provisions. C'était la première fois que Mehdi entrait en prison. « Je n'ai pas eu peur, non. Je ne suis pas le premier à entrer ! m'écrivait-il. Et puis j'ai des cousins ici. »

Le reste du temps, Karim le passe au quartier, il reste chez ses parents ou bien traîne sur le point de deal. Il charbonne, engrange son argent et le dépense aussi vite que gagné. « Les fringues, l'alcool, les voitures, les conneries, dit-il. J'ai aidé ma famille aussi. Ils ne m'ont jamais demandé d'où venait l'argent. Mais ils ne sont pas idiots, ils se doutaient bien. » Karim n'est jamais beaucoup sorti du quartier, ni en vacances ni même dans la région. « J'étais un vrai *ghettoyouth*[3], mes soirées c'était dans la voiture, on servait les clients, on picolait, on fumait, et s'il y avait de la bagarre, on cognait. Il y en avait qui allaient à Lille, Bruxelles, pour faire la fête, aller en boîte. Bruxelles,

3. Littéralement « jeunesse des ghettos », terme anglais qui désigne dans le rap un jeune issu de quartiers défavorisés et qui n'en sort que peu.

c'était surtout pour les putes. Moi, je n'ai jamais touché à une pute, jure-t-il. Je suis un peu allé en boîte, trois ou quatre fois, mais attention, on n'est pas des tapettes, quand on allait en boîte on ne dansait pas. »

Depuis sa sortie de prison en 2016, Karim vit de petits boulots, du RSA, et de ses petites affaires. Karim avait bien quelques économies, quelque 20 000 euros restant de ses aventures délictuelles, mais il brûla ses derniers sous, un à un, dans la folie du jeu. Les paris sportifs d'abord, un match, puis l'autre, les sommes perdues sont alors petites, rien d'inquiétant. Et puis Karim suivit un jour un copain dans un PMU. Lui, qui avait toujours conspué ces « Arabes de troquet » qui s'enivrent au comptoir en regardant courir des cheveux, y a trouvé le combustible de son feu intérieur. Billet après billet, cheval après cheval, Karim a tout perdu. « En moins d'un mois, je n'avais plus rien », avoue-t-il tristement. Au volant de sa voiture arrêtée, il me raconte l'ivresse des courses. Il a la tête relevée maintenant, le regard dans le vide. « Tu mets cinquante balles sur un cheval, il arrive deuxième. Alors t'en mets cent à la course suivante pour te refaire. »

Sans argent, sans emploi, surveillé, Karim est resté de long mois cloîtré chez ses vieux parents. « Je dormais le jour, je jouais aux jeux vidéo la nuit », se souvient-il. Il baisse la tête, cette période de sa vie ne le rend pas fier. Les mois passant, Karim a commencé à sortir de chez lui. Il ne travaillait pas beaucoup plus, non, mais il a cessé de vivre la nuit. Le jeune homme traînait dans les rues et les cafés, discutait çà et là avec les voisins, les cousins. Il s'est lié à une jeune femme du quartier qu'il connaissait depuis longtemps, elle avait dix-sept ans de moins que lui, et il a joué les grands frères protecteurs. « Elle traînait avec de mauvaises personnes, des filles pas bien. Alors je lui ai expliqué, tu vois, je lui ai dit que ce n'était pas bon pour elle. On discutait beaucoup. » En 2020, il s'est rendu accompagné de son père dans la famille de la jeune femme pour demander sa main. La proposition fut acceptée et les femmes des deux familles se rencontrèrent pour préparer l'événement. Karim et sa jeune épouse sont maintenant mariés au regard de la religion depuis un an, mais ne sont jamais passés devant le maire. « Chez nous, l'important c'est la *fatiha*, le mariage religieux. Le reste, on verra peut-être plus tard », dit-il. Depuis, les deux époux vivent dans un logement social du quartier, et leur petite fille est née voilà un an et demi.

Chaque après-midi, sur les coups de 14 heures, Soumaya rejoint Karim avec leur fille, et ils embarquent dans la vieille voiture pour passer du temps ensemble et se promener. Ce mercredi, la famille roule vers le centre commercial de Leer, non loin de la frontière belge. Là, entre les parkings, les hypermarchés côtoient d'immenses magasins de bricolage, de jouets, de voitures. Deux heures durant, ils se promène dans les rayons, et Karim, papa attendri, dépense sans compter. Quand je le retrouve, trois heures plus tard, toujours au point de deal de la rue Stephenson, il fait les comptes dans sa tête : « Je suis parti avec 150 euros, il ne m'en reste plus que neuf pour m'acheter mes clopes. » Cet après-midi, Karim a craqué pour un ourson en peluche géant – « à 35 euros, normalement ça coûte 80 ! » – une dînette – « pas de la merde en plastique, un vrai truc en bois et tout » –, et un lecteur de vidéos estampillé « La Reine des neiges ». Karim gâte sa fille. Il sort son téléphone portable et fait défiler sur l'écran les photos de ses derniers achats. La fillette pose au volant d'une Lamborghini vert pomme miniature qui se commande à distance par Bluetooth. Sur la photo suivante, elle sourit, à califourchon sur un quad rose. Mais la photo préférée de Karim reste celle où l'enfant jubile, assise dans une autre voiturette, blanche cette fois-ci. « Regarde la voiture : une parfaite Mercedes AMG C63 ! », s'émerveille-t-il.

À la maison, c'est surtout sa femme qui s'occupe de la petite, lui doit s'occuper de rapporter l'argent pour faire vivre la famille. Avant d'accoucher, elle était préparatrice de commande pour La Redoute, mais maintenant, pas question pour elle de retourner à l'entrepôt. « Sa place est auprès de la petite, je ne veux pas que ma fille aille à la garderie », m'explique-t-il. Karim verrait bien sa fille fréquenter un établissement privé des communes voisines comme Wasquehal ou Croix. « Je ne veux pas qu'elle aille à l'école ici, il faut qu'elle sorte. Je ne veux pas qu'elle grandisse comme moi j'ai grandi. C'est le quartier qui m'a poussé à devenir ce que je suis. »

Pour subvenir aux besoins de sa famille, Karim complète son RSA comme il peut, par des missions d'intérim entre la France et la Belgique et du travail au noir intermittent. Sans diplôme, sans expérience, et avec son casier judiciaire bien rempli, la tâche est ardue. Il ne veut pas entendre parler de formation : « Je préfère faire mes huit heures à l'usine et toucher ma paie, plutôt que de travailler un an pour obtenir un papier. » Au centre social de l'Alma, Nordine Jeffali attire mon attention sur ce point. « L'emploi, c'est notre gros problème. L'emploi c'est le meilleur moyen de prévention. Sauf que quand tu viens de l'Alma, trouver un travail, c'est difficile. Ce qu'on remarque, c'est que les seuls secteurs qui emploient des gens d'ici, ce sont les secteurs à forte tension, qui manque de main-d'œuvre et qui ne sont pas regardant sur les profils. Par exemple, un des métiers qui explose chez nos jeunes, c'est la fibre optique. Après, il y en a beaucoup qui font les métiers que personne ne veut faire. En Belgique, beaucoup travaillent dans le nettoyage des chambres froides, des abattoirs. Ils s'occupent de la merde dont personne ne veut. »

Karim cherche un travail comme celui-là. « Je m'en fous de ce que c'est, si c'est éboueur ou quoi, je veux juste travailler », m'explique-t-il. Quand je le retrouve en octobre 2021, il vient de se faire mettre à la porte par son patron, un Algérien qui l'employait au noir pour transporter des marchandises jusqu'à Bruxelles. « Moi qui ne me suis jamais levé le matin, là j'étais au taquet. Lever quatre heures, douche, café, et j'étais parti. » Au volant de son trois tonnes cinq, Karim a sillonné les routes du nord de la France jusqu'à la capitale belge. Seulement, le travail non déclaré est sans pitié. Du jour au lendemain, Karim s'est de nouveau retrouvé sans travail, et sans possibilité de recours.

« Je ne vais pas mentir, le matin quand je me lève, que je vois la petite et que je me rappelle l'argent que j'ai dans mon portefeuille, j'ai envie de retourner charbonner. L'autre jour sur l'autoroute, j'ai bien failli craquer. Un type m'a fait signe de me ranger sur l'autoroute. Il m'a proposé un kilogramme de shit, un paquet de pognon à se faire ! » L'envie lui passe quand lui revient son casier judiciaire. Alors il se débrouille pour améliorer l'ordinaire, la veille il a ainsi loué sa voiture au Chinois, le petit dealer venu de Clichy, pour 80 euros la soirée. Je veux plus de précision, je demande ce qu'il fait d'autre. Karim reste évasif et évite de répondre directement, je le sens mal à l'aise. J'insiste doucement, il finit par répondre. « Hier, par exemple, un petit du terrain là-bas m'a manqué de respect, me dit-il en m'indiquant d'un coup de menton le point de vente du bas de la rue d'Archimède. Eh bien je lui ai donné une amende. Il m'a donné 150 euros hier, il m'en doit encore 200. Sinon, de temps en temps, je fais des petites frappes à droite à gauche, poursuit-il doucement. Je ne donne pas des coups, hein. Une frappe, c'est quand tu vas te servir dans la caisse d'un point de vente. Ce matin, j'ai pris 300 euros. La dernière fois c'était 700. » Tout devient plus clair, Karim rackette tout simplement le point de deal du 87 rue d'Archimède, tenu par des petits, et dont le chef est en prison. J'essaie de comprendre, l'idée me paraît aberrante dans le monde si violent du trafic qu'il puisse s'en tirer aussi facilement.

« Tu n'as pas peur de te faire allumer? lui demandé-je.

– Non, assure-t-il. Moi je fais ça en face, je ne viens pas voler dans le dos. Je mets des baffes, je me serre et je pars. Après, évidemment, si je suis seul, ils vont me marcher dessus. Mais je ne suis pas seul. J'ai mes neveux, qui ont entre dix-neuf et vingt-trois ans, tous des costauds, et puis j'ai mes petits soldats, mes gars sûrs, comme eux, pas vrai, les gars! s'écrie-t-il par la fenêtre aux petits dealers qui traînent autour de la voiture. Les gens ici savent de quoi je suis capable, alors on ne me fait pas chier. Je parle sur Snapchat avec le patron du point, le petit dont je t'ai parlé qui est en prison. Il me demande d'arrêter, mais il sait qu'il ne peut rien contre moi, alors comment veux-tu que ses mecs fassent quelque chose ? »

Il est 18 heures, Karim doit aller chercher sa femme et sa fille. Ce soir, ils doivent aller au restaurant. « Ça va, j'ai encore du cash », dit-il pour lui-même. Sa voiture sans vignette d'assurance pétarade, Rayan passe une tête par la fenêtre et appuie sur le klaxon, « Vas-y, j'adore les klaxons », me dit-il, hilare. La voiture démarre, Karim me dépose à la station de métro. Derrière, la petite troupe me salue à grand renfort de gestes de la main dans la pénombre. La nuit est tombée sur Roubaix et l'Alma.

Table

Achevé d'imprimer par CPI Bussière,
en janvier 2022,
N° d'imprimeur : 2062913
Dépôt légal : mars 2022

Imprimé en France